Christian Mörsch

Das Auge des Mondsees

Märchen, die Flügel verleihen

Schweitzerhaus Verlag

Wort * Schrift * Ton

Frangenberg 21 * 51789 Lindlar

Telefon 02266 47 98 211

mail@schweitzerhaus.de

Umschlaggestaltung und Satzlayout: Karin Schweitzer

Besuchen Sie uns im Internet:

www.schweitzerhaus.de

2. Auflage 2019

ISBN: 978-3-86332-039-3

SV

Inhalt

Augen-Blicke

Auge des Mondsees,
wohin blickst du?
Auf mich?
Meine Tränen?
Mein Lachen?
Auge des Mondsees,
dein Blick ist voll Liebe,
ein goldener Schimmer
– wie Tau von Sternen.
Auge des Mondsees,
dein Blick öffnet Türen.
Wo ist der Weg,
auf dem ich gehen kann?
Zu dir. Zu mir?
Auge des Mondsees,
du Hüter der Rätsel.
So viele Fragen,
die ich dir stellen möchte.
Weißt du die Antwort?
Ich öffne die Augen.
Warst du nur ein Traum?
Ich spüre die Sonne auf meinem Gesicht
und wünschte, du könntest mir Flügel verleihen,
die Welt mit deinen Augen zu sehen.

Das Haus der Geschichten

Das Schicksal schien einfach nicht auf ihrer Seite zu stehen, dachte sie missmutig: Welchen Platz sie sich auch aussuchte, der größte Mann saß stets vor ihrer Nase, als hätte er diesen Platz reserviert. Sie versuchte, an seinem Kopf vorbeizuschauen und sah Bryan, der barfuß hinter Amie herrannte.

Warum verdrehte sie überhaupt ihren Kopf, um einen Blick auf die Leinwand zu erhaschen? Sie wusste schließlich, wie der Film weitergehen würde. Bryan würde Amie retten - und am Ende würden sie sich küssen. - Natürlich gab es bis dahin noch eine Reihe von Hindernissen zu überwinden.

Eigentlich mochte sie diese Filme, auch wenn sie alle nach demselben Muster gestrickt waren: die Suche nach einem Mörder, eine Liebesgeschichte, zwei, drei Gags und ein Happy-End. Alles war bloß gespielt, und doch erschien es ihr manchmal, als wäre es tatsächlich geschehen. Sie konnte sich einfach nicht an den Gedanken gewöhnen, dass die Darsteller gar nicht wirklich ineinander verliebt waren.

Ob sie auch eine gute Schauspielerin abgegeben hätte?

Sie griff in ihre Popkorntüte und fischte eines dieser aufgeplusterten Maiskörner heraus. Katja schloss die Augen und versuchte sich vorzustellen, wie ihr Leben verlaufen wäre, wenn sie Schauspielerin geworden wäre. Als Kind hatte sie manchmal davon geträumt. Wie oft hatte sie ihr Bett in eine Bühne verwandelt, auf der sie ihren Puppen etwas vorgespielt hatte? Sie lächelte. Vielleicht wäre sie eines Tages berühmt geworden.

Sie öffnete ihre Augen und versuchte herauszufinden, was sie verpasst hatte. Auf der Leinwand sah sie zwei Personen. Es waren weder Bryan noch Amie – noch sonst jemand, der bisher in dem Film mitgespielt hatte. Die beiden schlenderten über eine belebte Straße und verschwanden in einem ockerfarbenen Haus. Das Bild erschien ihr eigenartig verschwommen. Die Kamera verharrte für einen Moment in der Krone eines Baumes, um dann hinunter auf einen Weg zu schwenken, der sich wie eine Linie durch einen Park zog. Im selben Augenblick wurde das Bild wieder scharf. Merkwürdig, dachte sie: Gelegentlich kam es vor, dass der Filmvorführer zu Beginn das Bild scharf stellte. Aber mitten in einem Film?

Die beiden Personen spazierten Hand in Hand über den Weg. Neben ihnen spielte ein Kind mit einem Dackel. Sie stutzte. Irgendetwas an dem Liebespaar kam ihr bekannt vor. Als die Kamera ihre Gesichter zeigte, wusste sie warum. Sie sahen aus wie Ma und Pa. Und plötzlich glaubte sie, sich selbst zu sehen: Das Kind mit dem Dackel – das war sie! Sie spürte, dass etwas nicht stimmte. Wie um Himmels willen kam sie in diesen Film? Oder war es nur ein Kind, das ihr ähnlich sah? Ja – so musste es sein: eine Doppelgängerin. Doch als das Kind in dem Film heranwuchs, war sie nicht mehr so sicher. Das war sie! Wie sie laufen lernte, wie sie ihre Lieblingspuppe verloren hatte, ihre Einschulung, der erste Kuss, ihre Anstellung als Buchhändlerin, ihr dreißigster Geburtstag. Dann erschien auf der Leinwand ein Kino. In dem Kino saß sie – ganz allein. Da erst bemerkte sie, dass der große Mann nicht mehr vor ihr saß. Und als sie sich umschaute, sah sie, dass niemand mehr im Kino saß – außer ihr. Sie waren alle gegangen. Was hatte das zu bedeuten?

Sie fühlte eine Bewegung an ihrem Knöchel. Es war mehr wie ein Kitzeln. Eine Fliege – fuhr es ihr durch den Kopf. Sie schlug intuitiv nach dem Störenfried und hielt mitten in der Bewegung inne. Jedesmal vergaß sie, dass diese Plagegeister die Angewohnheit hatten wegzufliegen, wenn man nach ihnen schlug – nur um sich kurz darauf wieder an dieselbe Stelle zu setzen. Als sie fünf war, hatte Vater ihr beigebracht, wie man Fliegen fing. Sie durften nicht merken, was man mit ihnen vorhatte! Wieder spürte sie dieses Kitzeln. Wenn es doch nur ein wenig heller wäre. Katja legte ihre Hand wie zufällig auf die Innenseite ihres linken Unterschenkels und schob sie Stück für Stück an den Knöchel heran. Dann griff sie blitzschnell zu.

Es war keine Fliege! Was sie da in der Hand hielt, hatte die Form eines angekauten Bleistiftstummels und zappelte wie ein Fisch im Netz. Es fühlte sich sonderbar an – fast menschlich.

«Lass mich los!»

Sie schrie entsetzt auf und ließ das sprechende Etwas auf den Boden fallen. Da blieb es jammernd liegen.

War sie in einen Horrorfilm geraten?

«Du kannst mich doch nicht einfach so fallen lassen!»

«Wer bist du?» – Mit wem redete sie da? Hatte sie schon Halluzinationen?

«Nistoro, der kleinste unter den Zwergen», stellte er sich vor. «Und du?»

«Katja», sagte sie nach kurzem Zögern.

«Katja? Du bist Katja?»

«Du – du tust ja gerade so, als seien wir uns schon einmal begegnet.»

Sie redete mit einem Zwerg! Genauso gut könnte sie mit einem Regenwurm reden, oder mit einer Ameise.

«Nett, dich kennen zu lernen», entgegnete der Zwerg. «Trägst du mich nach Hause?»

«Ja – aber ...»

«Ich kann nicht auftreten – weil du mich fallen gelassen hast», sagte Nistoro vorwurfsvoll.

Das war doch lächerlich.

Sie hob ihn auf. Er war so klein – nicht größer als ein Fingernagel.

Was tat sie da? Zwerge gab es nur in den Märchen, die sie als Kind gelesen hatte.

Träumte sie?

«Und wo ist dein Zuhause?», fragte sie.

«Im Keller.»

Sie sollte einen Zwerg in den Keller des Kinos tragen? Wenn er sich nur nicht so lebendig in ihrer Hand anfühlten würde – als gäbe es ihn wirklich.

Nistoro wies ihr den Weg durch die mit rotem Teppich ausgelegten Gänge. Sie waren menschenleer. Schließlich stand sie vor einer Tür, hinter der eine Treppe abwärts führte.

Jemand hatte mit grüner Farbe einen Satz auf die Tür geschrieben.

Alle Geschichten hier sind schon geschrieben
und wenn du hinein willst
musst du sie lieben

«Geh schon!», sagte Nistoro.

Katja zögerte.

«Allein schaffe ich die Treppe nicht.»

«Ich geh´ ja schon.»

«Weißt du was?»

«Was?»

«Du bist der erste Mensch, dem ich mein Zuhause zeige.»

Der Raum war gefüllt mit staubigen Regalen, auf denen sich ausgediente Filmspulen stapelten.

«Bringst du mich in mein Bett?»

Sie sah sich um, doch sie fand keinen Gegenstand, der einem Bett ähnlich war.

Nistoro wies auf einen alten Schuh, der in einer Ecke stand.

In einem Schuhladen hätte man ihn wahrscheinlich in einem der Regale mit den Größen neununddreißig oder vierzig gefunden – abgesehen davon, dass diesen Schuh wohl niemand mehr kaufen würde. Ja – es kam ihr vor, als hätte ihn jemand vor undenklich vielen Jahren hier abgestellt.

«Du meinst – dein Bett ist ein Schuh?», fragte sie verwundert.

Nistoro sah sie vorwurfsvoll an. «Das ist kein Bett! Das ist mein Haus!»

«Mit sieben Zimmern, Küche und Keller?»

Sie hatte ihre Frage nicht ganz ernst gemeint.

«Sieben Zimmer?», entgegnete er empört. «Es sind sogar noch viel mehr! Manchmal weiß ich selbst nicht mehr, wie viele es sind.»

Als sie näher kam, bemerkte sie, dass die Schuhöffnung mit einer weißen Masse verschlossen war.

«Kommst du?»

«Ich soll mit dir in einen Schuh hineinkriechen?» Sie lachte.

Als sie merkte, dass der Zwerg sie ganz enttäuscht ansah, fügte sie schnell hinzu: «Ich möchte natürlich. Aber leider bin ich viel zu groß, um in deinen Schuh hineinzupassen.»

«Das geht schon in Ordnung», meinte der Zwerg. «Du magst doch Geschichten?»

Und ob sie Geschichten mochte! Sie liebte Phantasiegeschichten – solange sie mit beiden Beinen in der Realität stand. Wie konnte es nur passieren, dass sie mitten in eine solche Geschichte hineingerutscht war? Natürlich – es gab nur eine Erklärung: Sie träumte. Nistoro und der Schuh, all das konnte nichts anderes sein als ein Traum. Ja, ein Traum. Es war ein anstrengender Tag gewesen, und als sie ihre Augen geschlossen hatte, musste sie eingeschlafen sein. Katja nickte zufrieden. Mit diesem Gedanken konnte sie sich anfreunden.

Hätte in diesem Moment jemand durch die Kellertür hereingeschaut, hätte er höchstwahrscheinlich seinen Augen nicht getraut. Er hätte nämlich mit angesehen, wie eine sechsunddreißigjährige Frau plötzlich verschwand ...

Sie kannte diese Geschichten, in denen der Autor seine Figuren schrumpfen ließ. Niemals war es ihr in den Sinn gekommen, dass ihr das eines Tages passieren würde. Im ersten Moment war sie erschrocken, doch dann fiel ihr wieder ein, dass sie sich in einem Traum befand. Katja blickte nach oben. Der Schuhrücken überragte sie um ein Vielfaches.

Nistoro humpelte auf eine Tür zu, die sich in der Sohle seines Hauses verbarg. Hinter der Tür hörte sie Stimmen.

«Wer ist das?»

«Die lauten Geschichten», sagte Nistoro wie selbstverständlich.

Sie sah ihn verdutzt an.

«Wieso schaust du mich so an? Leben in deinem Haus etwa keine Geschichten?», wollte er wissen.

«Du meinst, ob es in meinem Haus Bücher gibt?»

«Bücher? – Nein!»

Nistoro öffnete die Tür und stützte sich auf seine nunmehr ebenso kleine Begleiterin, als er in den Flur trat.

Nur einen Moment später wusste sie, dass Nistoro nicht gelogen hatte: Hier gab es tatsächlich unzählige Zimmer, und in jedem Zimmer lebte eine Geschichte, manchmal waren es auch zwei oder drei. Die meisten blickten ihr hocherhobenen Hauptes entgegen und gaben nicht ohne Stolz zum Besten, was sie zu erzählen hatten, denn sie hatten große Aufmerksamkeit erregt und waren mit viel Applaus bedacht worden. Doch damit nicht genug: Immer wenn sie ihnen zu nahe kam, verschwamm die Umgebung vor ihren Augen: Sie hatte das Gefühl, mitten in der Geschichte zu stehen. – Es erinnerte sie an ein Buch, das sie vor kurzem gelesen hatte – eines dieser Bücher, bei denen sie die Welt um sich herum vergaß und kaum abwarten konnte, es nach Feierabend weiterzulesen.

Nistoro räusperte sich.

«Die besten Geschichten zum Hören sind nicht immer die besten, in die man hineingeraten kann», sagte er mit ernster Stimme.

«Wohnen hier eigentlich alle Geschichten?», wollte Katja wissen.

«Alle – bis auf die größte. Natürlich habe ich versucht, sie zu finden, doch das einzige, was ich gefunden habe, waren ihre Spuren. Denn auf ihrem Weg hat sie unzählige winziger Bruchstücke hinterlassen.»

«All die kleinen Geschichten hier sind Bruchstücke dieser großen Geschichte?»

Nistoro nickte mit wichtiger Miene. Er sah aus wie ein Museumsdirektor, der über seine Schätze sprach. «Die größte der Geschichten hört niemals auf, solange es Leben gibt. – Die Menschen in ihr kommen und gehen, wenn ihre Rolle vorbei ist.»

Sie traten durch eine Tür, hinter der es erheblich leiser war.

Hier stand Nistoros Bett. Sein Zimmer erinnerte sie an die Puppenstube, die sie als kleines Kind besessen hatte: der zwei¬türige Schrank, die Porzellanvase auf dem Holztisch, die blank¬geputzte Kochplatte und der mit weißem Stoff bezogene Sessel. Auf dem Bett lag eine gemusterte Decke, die so glattgezogen war, dass nicht ein einziges Fältchen zu sehen war. Das einzige, was die allgegenwärtige Ordnung störte, war ein Pantoffel, der etwas zu weit unter das Bett gerutscht war.

«War nett, dich kennenzulernen», sagte Nistoro und kroch unter die Bettdecke.

«Darf ich – darf ich noch ein wenig in deinem Haus bleiben?»

Sie hatte noch nicht vor, aus ihrem Traum zu erwachen. Wann hatte sie schon einmal die Gelegenheit in einem Schuh umherzu¬streifen?

«Schau dich nur um!», murmelte Nistoro schläfrig.

Katja lief von Raum zu Raum und sah fröhliche und traurige Geschichten. Eines aber hatten sie alle gemeinsam: Sie redeten so laut, dass sie nicht zu überhören waren.

Schließlich kam sie an eine Treppe, die abwärts führte. Die Geschichten, denen sie auf dem Weg durch die tiefer gelegenen Stockwerke begegnete, wurden immer stiller und stiller.

Sie trat in ein Gewölbe, in dem ihre Schritte einen ohrenbetäubenden Lärm zu machen schienen.

Warum war es hier so still?

In einem verborgenen Winkel entdeckte sie eine hölzerne Truhe. Die Truhe zog sie magisch an. Auf ihr lag eine dicke Staubschicht, als hätte sie jemand absichtlich hierhergestellt, nur damit sie keiner mehr anrührte.

Katja fragte sich, was darin sein mochte.

Sie schob den verrosteten Riegel beiseite und

hob den Deckel. Ihr Herzschlag schien sich zu verlangsamen, jeder Augenblick dehnte sich zu einer bedrückenden Ewigkeit. In der Truhe lag eine graue von Motten zerfressene Wolldecke. Sie wandte sich enttäuscht ab und ließ den Deckel wieder sinken. Erst im letzten Augenblick bemerkte sie die Bewegung. Etwas war unter der Decke. – Später hatte sie sich manchmal gefragt, warum sie den Deckel nicht einfach fallengelassen hatte. Statt dessen starrte sie auf die Gestalt, die unter der Wolldecke hervorkroch. Noch bevor Katja aus ihrer Erstarrung erwachte, hörte sie eine flüsternde Stimme.

«Es war an einem dunklen Novemberabend ...», wisperte die Stimme so leise, als hätte sie etwas zu verbergen.

Das Gewölbe verschwamm vor Katjas Augen, und im nächsten Moment glaubte sie, in einem stilvollen Herrenhaus zu stehen. Sie sah ein Zimmer, das von einer Kerze erhellt wurde. Neben dem Fenster stand ein breiter Schrank aus dunklem Eichenholz.

Ein unangenehmes Gefühl machte sich in ihrem Bewusstsein breit. Was war das für eine Geschichte, die jahrelang in einer Truhe eingeschlossen war?

Ein plötzliches Klirren ließ sie zusammenfahren. Ein Stein flog durch das Fenster. Die Kerzenflamme bewegte sich unruhig hin und her und erlosch. Nur der Mond warf noch einen schwachen Schein in das Zimmer.

Außer ihr schien das Haus leer zu sein. Katja schlich zum Fenster. Draußen war niemand. In diesem Moment spürte sie, wie sich etwas hinter ihrem Rücken bewegte.

Sie schrie auf und wollte davonlaufen, aber ihre Beine klebten auf dem Boden wie eine Fliege im Spinnennetz. Eine Diele knackte und vertrieb die lähmende Wirkung des Schreckens. Sie wirbelte herum und sah einen Schatten, der bis zu ihren Füßen reichte. In ihrer Angst lief sie genau auf eine der Wände zu. Sie merkte nicht, dass sich die Wand in Luft auflöste, als sie davonrannte. Sie lief und lief, bis sie wieder in dem Gewölbe stand, in dem sie die Truhe entdeckt hatte.

Katja atmete auf: Sie war der Geschichte entkommen. Doch da bemerkte sie, daß die Truhe leer war. Die Geschichte musste hinausgeklettert sein. Was, wenn sie nach ihr suchte? Sie wollte ihr nicht ein zweites Mal begegnen. In einem Anflug von Angst rannte sie weiter durch ein Labyrinth von Gängen, die sich scheinbar ziellos von Zimmer zu Zimmer verzweigten, bis sie endlich eine Nische fand, in der sie sich verstecken konnte.

Nach einer Weile schlich eine Geschichte suchend über den Gang. Doch sie bemerkte Katja nicht und verschwand in den Weiten des Kellers. Sie konnte sich noch immer nicht an den Gedanken gewöhnen, dass die Geschichten in diesem Haus so etwas wie lebendige Gestalten waren – vor allem aber, dass es gefährlich sein konnte, ihnen zu begegnen.

Sie hätte eben nicht ohne Nistoro durch das Haus streifen sollen. Warum hatte er sie nicht gewarnt?

Katja schüttelte ungläubig den Kopf. Sie hatte jede Orientierung verloren. Es war ihr unbegreiflich, wie sie sich in einem Schuh verlaufen konnte. – Wie sollte sie je wieder aus diesem Labyrinth herausfinden?

Der einzige, der ihr helfen konnte, war Nistoro. – Sie musste ihn finden!

«Nistoro!», rief sie und wünschte sich sogleich, dass sie es nicht getan hätte. Wie konnte sie nur so töricht sein, es der Geschichte so leicht zu machen, sie ein zweites Mal aufzuspüren? Doch ihre Stimme verhallte ungehört.

Sie zuckte mit den Schultern. Es würde ihr nichts anderes übrig bleiben, als eine der Geschichten nach dem Weg zu fragen – selbst auf die Gefahr hin, dass die Geschichte, vor der sie geflohen war, ihr erneut begegnete und sie in ihren Bann zog.

«Weißt du, wo Nistoro ist?», fragte sie eine blass wirkende Geschichte.

Doch ihr Gegenüber gab keinen Ton von sich.

«Warum sagst du nichts?»

«Ich bin ein Geheimnis.»

Katja sah Geschichten, über die niemand spricht, Geschichten, die keiner wagte zu erzählen, Geschichten, die nichts anderes waren als Lügen, und erfuhr von guten Taten, die vergessen wurden, nur weil sie zu klein waren, um mit Ruhm und Ansehen belohnt zu werden.

Wen sie auch fragte, niemand wusste, wo Nistoro war.

In einem Raum, in dem ein Stück Sohle aus weißer Wolle lag, fand sie schließlich eine Geschichte, die ihr mit einem Lächeln entgegenblickte. Kaum war Katja nah genug herangekommen, um sie zu verstehen, begann die Geschichte leise zu erzählen:

«Es war einmal ein Schuh ...»

Katja horchte auf.

«Der stand in einem dunklen Keller. – In dem Schuh lebte ein kleiner Zwerg ...»

«Das war doch Nistoros Geschichte!», fuhr es Katja durch den Kopf.

«Am Tage ging er auf Wanderschaft und suchte nach den Spuren der großen Geschichte ...»

«Kannst – kannst du mich zu Nistoro führen?»

Kurze Zeit später stand sie vor seinem Bett.

«Ich habe deine Geschichte gefunden!»

Nistoro wachte auf, und Katja berichtete aufgeregt, was ihr widerfahren war.

«Du hättest keine Angst zu haben brauchen», beruhigte sie der Zwerg. «Alle Geschichten in meinem Haus sind nichts als Vergangenheit. Du spielst keine Rolle in ihnen – außer in deiner.»

«Und wo ist meine Geschichte? – Bewahrst du sie auch auf?»

Er schreckte hoch. «Deine Geschichte! Wie konnte ich das nur vergessen! Bist du ihr nicht begegnet?»

Sie hob die Augenbrauen und schüttelte den Kopf. «Zeigst du sie mir?»

«Wenn sie nicht davongelaufen wäre ...», murmelte Nistoro gedankenverloren und gähnte.

Sie sah ihn erstaunt an. – Dann erinnerte sie sich, dass es ihre Geschichte gewesen war, die sie auf der Leinwand gesehen hatte.

«Deine Geschichte war mir immer eine der liebsten.»

«Aber warum ist sie davongelaufen?»

«Seit ich sie hierhergebracht habe, saß sie immerzu in einem der abgelegenen Zimmer», sagte Nistoro. «Doch ihr größter Wunsch war es, einmal mitten unter den berühmten und unvergesslichen Geschichten zu leben.»

Katja dachte daran, dass niemand mehr außer ihr im Kino gesessen hatte ... Würde sie ihre Geschichte denn niemals unter den berühmten und unvergesslichen Geschichten finden?

«Wo ist sie jetzt?»

«Wir werden sie suchen, wenn ich ausgeschlafen habe», schlug Nistoro vor und rieb sich die Augen.

«Aber - ...», widersprach Katja.

In eben diesem Moment stolperte ihre Geschichte niedergeschlagen zur Tür herein.

«Da bist du ja wieder!», rief Nistoro.

«Warum hat mir niemand zugehört?», fragte Katjas Geschichte traurig.

«Muss denn jede Geschichte vor einem großen Publikum erzählt werden, um bedeutsam zu sein?»

Katja zuckte mit den Schultern.

«Jede Geschichte hat eine Bedeutung, denn es macht einen Unterschied, gelebt oder nicht gelebt zu haben», fuhr Nistoro fort. «Und manchmal sind die kleinen und stillen Geschichten, die kaum jemand bemerkt, die schönsten von allen.»

Katja begann Nistoro zu mögen.

Konnte es ihn nicht auch im wirklichen Leben geben?

Nistoro sah sie an. «Nun geh zurück in die größte der Geschichten, in der du lebst.» Er zwinkerte ihr zu. «Denn ein Teil deiner Geschichte muss erst noch geschrieben werden.»

Nistoro führte sie bis zum Ausgang.

«Jede Geschichte ist einzig und keine wie die andere ...», hörte sie seine Stimme wie aus weiter Ferne.

Im nächsten Augenblick saß sie wieder im Kino. Sie rieb sich die Augen. Was für ein Traum ... Doch sie war nicht ganz sicher, ob es wirklich nur ein Traum gewesen war.

Irgendwo - das wusste sie nun - gab es jemanden, der auch ihre Geschichte mochte. Katja lächelte, als sie an den Zwerg dachte. «Ob jemals jemand Nistoros Geschichte erzählen würde?», überlegte sie.

Sie blickte sich um und merkte, dass sie nicht alleine im Kino saß: Sie sah ihre Freunde, ihre Eltern und Geschwister. Und für einen winzigen Augenblick schien es ihr, als seien sie alle kleine Zwerge.

Das Jahrtausend-Meerchen

Es war einmal ein kleines Meer. Das gab es erst seit einhundert Jahren. Für ein Meer war das nicht viel, und genau das war der Grund, warum es noch so klein war. Doch mit jedem Jahr wurde es größer und größer.

In dem Meer lebten einst vier Seepferdchen. Sie waren bekannt für ihre Gesprächigkeit und redeten, schwatzten, tuschelten oder lästerten, wann immer sie ihr Maul aufsperrten - und das taten sie oft. Am liebsten redeten sie über die köstlichsten Algenarten, die fröhlichen Muscheln, die Boshaftigkeit der Raubfische und die Heldentaten ihrer Väter, und das Meer hörte ihnen zu.

Eines Tages aber redeten sie über das neue Jahrtausend.

«Was ist das - ein neues Jahrtausend?», wollte das kleine Meer wissen.

«Alles wird schlechter - und schwerer», sagte das erste Seepferdchen.

«Schlimmer - schlimmer noch!», rief das zweite. «Die Welt wird zugrunde gehen. Unsere Tage sind gezählt.»

«Im Gegenteil, im Gegenteil», widersprach das dritte See¬pferdchen. «Alles wird besser - und leichter.»

«Eines ist sicher», sagte das vierte Seepferdchen. «Alles wird anders. Und darauf sollten wir uns vorbereiten.»

Also überlegte das kleine Meer, was sich wohl verändern würde, wenn das neue Jahrtausend kam. Ob die fröhlichen Muscheln traurig wurden und die Raubfische liebenswert und höflich? Ob der Seewolf zum Algenfresser wurde? Ob die Meerkatze nach Mäusen jagte oder gar die schweigsame Seezunge das Reden lernte?

Was aber, wenn das erste Seepferdchen recht hatte und alles schlechter wurde oder – die Welt gar untergehen würde?

Mit einer unbestimmten Mischung von Vorfreude, Angst und Wehmut schlief das kleine Meer am Abend vor dem neuen Jahrtausend ein.

Als es am nächsten Morgen erwachte, schien die Sonne hell vom Himmel. – Aber noch immer fraßen die Seewölfe keine Algen, noch immer jagten die Meerkatzen keine Mäuse, und die Seezungen schwiegen beharrlich.

Es schien gar, als hätte sich nichts verändert.

Doch wie in jedem Jahr war das kleine Meer ein Stück gewachsen. Bald endlich würde es ein großes Meer sein, dachte es voller Stolz.

Da sah das Meer die vier Seepferdchen wieder, die ihm von dem neuen Jahrtausend erzählt hatten. Sie redeten über die köstlichsten Algenarten, die fröhlichen Muscheln, die Boshaftigkeit der Raubfische und die Heldentaten ihrer Väter, und das Meer hörte ihnen zu.

Als es dunkel wurde, schauten die Sterne auf die Welt hinab, so wie sie es schon seit vielen tausend Jahren taten.

Der Brief des Unbekannten

Ich entdeckte den Briefumschlag an einem sonnigen Junimorgen. Jemand hatte ihn durch den schmalen Schlitz zwischen Haustür und Fußboden in den Flur geschoben. Das allein war noch nichts Besonderes. Was mich stutzig machte, war, dass ein Absender ebenso fehlte wie die Briefmarke. Ich öffnete den Brief und fand nichts als diese maschinengeschriebenen Zeilen:

«Wir haben uns eben geändert.»

«Aber was?»

«Früher waren wir unzertrennlich», beklagte sich Tio.

«Und unsere Wege.»

«Es muss doch etwas geben, was wir noch gemeinsam haben.»

Romaro zuckte mit den Schultern.

Ich ertappte mich dabei, wie auch ich mit den Schultern zuckte. Es schien, als hätte jemand die Sätze wahllos aneinandergereiht.

Ein wenig ratlos nahm ich den leeren Briefumschlag in die Hand und suchte vergebens nach einem Hinweis auf den Absender. Wer hatte mir diesen Brief unter meine Haustür gelegt? Ich schüttelte den Kopf. Wahrscheinlich bloß eine Verwechslung. Oder ein Kinderstreich. Ich zerknüllte den Zettel und warf ihn in den Papierkorb.

Am nächsten Morgen fand ich einen zweiten Brief - abermals ohne Absender. Ich öffnete ihn und las:

Dorf im von einem lebte in der sich erzählte nun den Weisen man Bergen. Ihn nannten Streitschlichter den sie. Ihm bei hieß so Rat seiner Hütte seinem wer suchte es den müsse zu Feinde gehen mit Weg. Sei Freundschaft fragen ihn sie retten ihre zu wollten wie.

Ich war verwirrt. - Vielleicht ließ sich aus den Worten ein sinnvoller Satz basteln. Ich konnte mich stundenlang mit einem Puzzle beschäftigen, ohne dass ich es leid wurde. Ich setzte mich auf die Veranda und schnitt die Wörter aus. Dann begann ich, sie in immer neuen Formationen zusammenzulegen. Als die Sonne sich ihrem höchsten Punkt näherte, hatte ich tatsächlich einen Sinn in das Buchstabenwirrwarr gebracht und blickte stolz auf mein Werk:

Nun erzählte man sich im Dorf von einem Weisen, der in den Bergen lebte. Sie nannten ihn den Streitschlichter. Wer bei ihm Rat suchte, so hieß es, müsse den Weg zu seiner Hütte mit seinem Feinde gehen.

Ihn wollten sie fragen, wie ihre Freundschaft zu retten sei.

«Klingt wie eine Geschichte», dachte ich laut. Dann kam mir eine Idee. Vielleicht ergab auch der erste Brief einen Sinn, wenn ich die Wörter oder Sätze in eine neue Reihenfolge brachte. Ich fragte mich, ob der unbekannte Briefeschreiber von meiner Puzzleleidenschaft wusste. Glücklicherweise hatte ich den Papierkorb noch nicht geleert.

Wenn es der Anfang einer Geschichte war, mit welchem Satz könnte sie beginnen? Ich entschied mich für den folgenden Satz:

«Früher waren wir unzertrennlich», beklagte sich Tio.

Die andere Person war Romaro. Was könnte er erwidern? – Es dauerte nicht lange, und die Sätze schienen nicht mehr bloß zufällig aneinandergereiht:

«Früher waren wir unzertrennlich», beklagte sich Tio.

«Wir haben uns eben geändert.»

«Und unsere Wege.»

«Es muss doch etwas geben, was wir noch gemeinsam haben», sagte Romaro.

«Aber was?»

Romaro zuckte mit den Schultern.

Ich war gespannt, ob am nächsten Morgen ein weiterer Brief unter meiner Tür liegen würde, und sollte nicht enttäuscht werden. Ich war erstaunt, als ich sah, dass die Worte und Sätze bereits den Platz einnahmen, an dem sie in einer Geschichte gewöhnlich zu finden waren. Offenbar hatte der Unbekannte aufgegeben, in Rätseln zu schreiben. Wusste er etwa, dass ich seine Rätsel gelöst hatte? Aber woher? Oder hatte er sie diesmal nur besser versteckt? Mir wurde klar, dass ich das größte Rätsel noch immer nicht gelöst hatte: Wer schrieb mir diese Geschichte? Vor allem aber – warum?

Der dritte Brief begann mit dem Tag, als Tio und Romaro sich auf den Weg zu diesem Streitschlichter machten.

Der erste Tag verging, ohne dass sie ein Wort miteinander gesprochen hatten, denn sie wussten sich nichts zu sagen.

Als die Sonne das zweite Mal versank, hatten sie eine Höhe erreicht, in der die Nacht kalt zu werden drohte. Sie sammelten trockene Äste, mit denen sie ein Feuer entzündeten.

«Weißt du noch, wie es früher war?», fragte Tio.

Ich ertappte mich dabei, wie meine Gedanken abschweiften: in meine Kindheit. Wie lange hatte ich nicht mehr daran gedacht? Ich seufzte. Seltsam - wenn man älter wird, gibt es Zeiten, in denen man ganz und gar vergisst, dass man einmal ein Kind war.

Ich las weiter:

«Ja – natürlich», sagte Romaro.

«Schön war es.»

«Was nutzt es, über die vergangenen Zeiten zu reden, wenn wir uns über die Gegenwart nichts mehr zu sagen haben?»

«Gute Nacht.»

«Ja. – Gute Nacht.»

«Was ist eigentlich Freundschaft?», fragte Romaro am nächsten Morgen.

Tio sah ihn verwundert an.

Dann überlegte er.

Mit diesem Satz endete der Brief.

Was war Freundschaft? – Ich wusste es nicht.

Ich war enttäuscht, als ich am nächsten Morgen keinen Brief unter meiner Tür fand und hatte das Gefühl, etwas zu vermissen. Eigenartig – drei Briefe, und schon fehlten sie mir, als seien sie so etwas wie jahrelange Gewohnheit. Auch an den nächsten beiden Tagen hörte ich nichts von meinem unbekannten Briefeschreiber. Die Geschichte konnte doch nicht einfach so aufhören. Ich hatte Stunden damit verbracht, Wörtern und Sätzen einen Sinn zu geben, und nun das.

Als ich schon fast die Hoffnung auf einen weiteren Brief aufgegeben hatte, fand ich einen Zettel, der an meinem Küchenfenster klebte. Auf ihm standen zwei handgeschriebene Zeilen:

Was würdest du Romaro antworten?
Lege deine Antwort auf die Bank am Hohlweg

Ich sollte die Geschichte weiterschreiben? Ich kannte die Bank am Hohlweg. Sie stand unter einer großen Eiche. Im Sommer saß ich manchmal dort und las ein Buch. Merkwürdig, dachte ich: erst die Briefe unter meiner Tür und nun ein Zettel an meinem Küchenfenster. Da schlich irgendein Unbekannter um mein Haus, und ich merkte nichts davon. Ich öffnete das Fenster und schaute in den Garten. Doch es war niemand zu sehen. Ich nahm den Zettel von der Scheibe. Mit einem Mal hatte ich ein ungutes Gefühl: Was, wenn es ein Geisteskranker war, der ein grausames Spiel mit mir spielte – oder mich bloß in den Hohlweg locken wollte?

Ich schob den Gedanken beiseite und sah erneut auf den Zettel. «Was ist eigentlich Freundschaft?», hatte dieser Romaro gefragt. Plötzlich kam es mir vor, als hätte er mich gefragt – und nicht Tio. Ich entspannte mich. Eine solche Frage würde niemand stellen, der mir etwas Böses wollte. Aber warum versteckte er sich vor mir?

Was machte eine Freundschaft aus?

Ich überlegte lange, bis mir endlich ein Satz einfiel, den ich irgendwo aufgeschnappt hatte. Ich schrieb:

«Freundschaft – ist die Kunst, Menschen, die man mag, auf ihrem Weg zu begleiten.»

Dann brachte ich meine Antwort zu der ausgemachten Stelle. Schon von weitem sah ich, dass niemand auf der Bank saß, um meinen Brief in Empfang zu nehmen. Also setzte ich mich auf die mit Moos überzogene Bank und wartete. Ich fragte mich, ob der Unbekannte meine Antwort tatsächlich abholen würde. Vielleicht würde ich nun endlich erfahren, mit wem ich es zu tun hatte.

Doch bis auf eine Amsel, die auf einem Ast der Eiche saß und pfiff, kam niemand. Warum zeigte sich der Briefeschreiber nicht? Als es dunkel zu werden begann, ließ ich den Brief auf der Bank zurück und ging nach Hause.

Am nächsten Morgen lag ein neuer Briefumschlag unter meiner Tür.

«Du klingst ja schon fast wie der Weise», entgegnete Romaro ein wenig höhnisch.

Im ersten Moment fühlte ich mich angegriffen, hatte ich doch den letzten Satz der Geschichte selbst geschrieben. – Ich wusste nicht, ob ich erneut an der Reihe war, etwas über Tio zu schreiben. Ich entschloss mich, einen weiteren Satz zu der Geschichte beizutragen.

«Und welche Antwort wäre dir lieber gewesen?»

Das ließ ich Tio sagen. Es klang unverbindlich.

Vielleicht würde ich diesmal dem Geschichtenschreiber begegnen. Ich schob den Zettel in einen Umschlag und legte ihn wie am Tag zuvor auf die Bank am Hohlweg. Doch auch dieses Mal blieb ich allein.

Der nächste Brief, den ich bekam, war lang.

Ich setzte mich in meinen Schaukelstuhl und las:

Romaro antwortete nicht sofort.

«Können Menschen nicht auf getrennten Wegen ge-

hen und trotzdem Freunde sein?»

«Und wie stellst du dir das vor?»

«Du magst vielleicht einwenden, dass sie die Probleme des anderen nicht wirklich verstehen werden.»

Tio nickte.

«Doch sie belasten sie auch nicht.»

«Ja – und?»

«Vielleicht kann einer dem anderen gerade deshalb Kraft schenken.»

Inzwischen waren sie weitergegangen. Der Pfad führte durch einen dichten Buchenwald.

« ... wie diese Bäume», sagte Romaro und zeigte auf eine der hohen Rotbuchen. «Jeder hat seine eigenen Wurzeln gegraben, und doch schützt sie der Wald vor den schweren Stürmen des Winters.»

«Ich weiß nicht», sagte Tio. «Ich finde es wichtiger, als Freund an deinem Leben teilhaben zu dürfen.»

«Ich könnte dir von meiner Welt erzählen», entgegnete Romaro. «Wahrscheinlich wird sie dir fremd erscheinen. Doch vielleicht könnte jeder etwas von der Welt des anderen lernen.»

Der Pfad endete an einer Felswand, die steil in den Himmel wuchs.

Sie suchten vergebens nach Spalten oder Vorsprüngen im glatten Fels: Alle Vorsprünge –und jede Vertiefung – lagen außerhalb ihrer Reichweite.

«Wenn du auf meine Schultern kletterst, schaffst du es vielleicht. Du bist nicht so schwer wie ich.»

Tio schüttelte den Kopf. «So wird nur einer von uns die Hütte des Weisen erreichen.»

«Wenn der Weise will, dass wir gemeinsam zu seiner Hütte finden, dann muss es auch einen Weg geben, auf dem wir sie gemeinsam erreichen.»

Aber der Weg über die Felswand schien die einzige Möglichkeit zu sein, zu der Hütte zu gelangen.

Schließlich stieg Tio doch auf Romaros Schultern und fuhr suchend mit den Händen über den Fels. Erst als er sich so hoch reckte, wie es nur eben ging, kam er mit den Fingerspitzen an einen winzigen Felsvorsprung, an dem er sich hochziehen konnte. Gleich darauf fand er eine Vertiefung im Fels, und von dort aus eine weitere Vertiefung. So kletterte er Stück für Stück höher und höher.

Tio atmete auf, als er die Felswand erklommen hatte. Er stand auf einem baumbewachsenen Plateau und sah sich unentschlossen um. Sollte er wirklich alleine versuchen, zur Hütte des Weisen zu gelangen? – Es würde ihm wohl nichts anderes übrig bleiben.

In diesem Moment entdeckte er ein langes Seil, das hinter einem Strauch lag. – Er konnte sein Glück kaum fassen. Wer hatte das Seil hierher gelegt? Aber welche Rolle spielte das schon? Wichtig war allein, dass es da war.

Tio befestigte das Seil an einem Baumstumpf und warf es hinunter.

Romaro überwand den glatten Teil der Felswand, indem er sich mit den Händen an dem Seil hochzog. Sobald sich in der Wand die ersten Vorsprünge und Ver-

tiefungen zeigten, wickelte er das Seil um die linke Hand und nahm den gleichen Weg wie zuvor Tio. Er gewann schnell an Höhe.

Es sah aus, als sollte sich doch noch alles zum Guten wenden, als plötzlich ein Felsstück unter seinen Füßen abbrach.

Er schrie vor Schreck auf.

«Halt dich fest!», rief Tio.

«Ich finde keinen Halt mehr!»

«Ich versuche, dich ein Stück hochzuziehen!»

Tio brauchte alle Kräfte, um das Seil zu halten und es Zoll für Zoll hinaufzuziehen. Schließlich kam Romaro auf einem schmalen Felsvorsprung zu stehen – gerade als Tio glaubte, das Seil loslassen zu müssen. Tio sank erschöpft zu Boden.

Kurz darauf hatte auch Romaro die Felswand bezwungen.

Dieser Romaro erinnerte mich an etwas – etwas, das schon lange zurücklag.

Unter dem Brief stand ein handgeschriebener Satz:

Komm bei Sonnenuntergang zur Bank

Mein Herz begann schneller zu schlagen, als ich mich auf den Weg machte. Nun würde ich den Briefeschreiber also endlich kennenlernen.

Auf der Bank saß ein Mann. Doch ich konnte sein Gesicht nicht erkennen. Er hatte eine Kapuze über seinen Kopf gezogen.

«Wer bist du?»

«Warte, bis die Geschichte zu Ende ist.»

Dann drückte er mir einen weiteren Briefumschlag in die Hand und ging davon.

Ich stutzte. Etwas an seinem Gang kam mir bekannt vor.

«Danke!», sagte Romaro, als er wieder neben Tio stand.

Eine Weile saßen sie still nebeneinander.

«Ein Freund ist ein Mensch, der ...», begann Romaro.

«... für dich da ist, wenn du ihn brauchst», vollendete Tio den Satz.

«Woher wusstest du das?»

Tio lächelte.

«Weißt du was?»

«Was?»

«Unsere Wege haben sich wieder getroffen.»

«Ja, wir sind ein Stück Weg gemeinsam gegangen.»

«Vielleicht werden wir bald wieder auf getrennten Wegen wandern, aber vielleicht können wir ab und zu ein kleines Stück gemeinsam gehen.»

Tio nickte. «Versprochen.»

Die beiden Freunde kehrten lächelnd zurück in ihr Dorf.

Niemand weiß, ob es den Weisen wirklich gibt oder ob er nur eine Figur in einem Märchen ist. Denn keiner hat je seine Hütte betreten.

Ich ließ das Blatt sinken.

Wer hatte mir diese Geschichte geschrieben? Ein alter Freund? Ein Bekannter? Ein Fremder?

Ich hoffte, der Briefeschreiber würde am nächsten Tag im Hohlweg auf mich warten.

Ich sah ihn schon von weitem. Er hatte seine Kapuze abgezogen. Und als ich näher kam, wusste ich schlagartig, wer er war.

«Andreas!», rief ich und lief auf ihn zu.

Wie lange hatte ich ihn nicht gesehen? Es musste zwanzig Jahre her sein. Als Kinder hatten wir beinahe jeden Tag gemeinsam verbracht. Doch irgendwann hatten wir einander aus den Augen verloren. Andreas war Versicherungskaufmann geworden und hatte geheiratet. Wir hatten nur noch wenig Zeit füreinander – erst recht, als Andreas Vater wurde.

Schließlich brach unser Kontakt völlig ab – mit dem Tag, an dem ich in eine andere Stadt zog. Vor zwanzig Jahren.

Seither waren wir uns nicht wieder begegnet.

«Andreas!», rief ich wieder. Ich war froh, ihn wiederzusehen.

Da begriff ich plötzlich, warum er mir die Briefe geschrieben hatte.

Andreas kam mir entgegen und lachte.

Schach dem König

Sein Blick verlor sich in den Weiten des Horizonts, an dem sich nicht die kleinste Wolke zeigte. Gordo saß im Schatten eines hohen Baumes und brach ein Stück von seinem Brot ab. Manchmal wanderte er viele Tage, um einen Ort zu finden, an dem er noch nie zuvor gewesen war. Zufrieden sah er sich um und blickte auf das flache Land, das er nicht kannte. Da bemerkte er eine Gestalt, die sich vom Horizont abhob und mit schnellen Schritten näherkam. Bald erkannte er einen Mann, der in einen Mantel aus weißer Schafswolle gehüllt war. Gordo winkte ihm zu, doch der Mann schien ihn nicht zu bemerken, obwohl er nur noch wenige Schritte entfernt war. Seine Augen starrten auf einen Punkt, der in weiter Ferne zu liegen schien.

«Ein Feld nach vorn», murmelte der Mann.

«Wer bist du?», fragte Gordo.

Der Mann zuckte zusammen. «Ich – ich bestelle die Felder.»

«Welche Felder?»

Der Bauer sah ihn entsetzt an. «Du – du gehörst nicht ins Spiel.»

«Was für ein Spiel?»

«Sprich nicht länger mit mir. Es ist verboten.»

Gordo sah ihm verwundert nach und schlug die Richtung ein, aus der der Bauer gekommen war. Was hatte er nur gemeint? Sein Leben war ihm schon manches Mal wie ein großes Spiel vorgekommen, in dem er mal zu den Gewinnern, mal zu den Verlierern gehörte. Aber von welchem Spiel hatte der Bauer gesprochen? – Ein Verrückter, nur ein Verrückter, schoss es ihm durch den Kopf. Was redete er von Feldern, wo weit und breit kein Acker zu sehen war? Und der starre Blick ... Ein sirrendes Geräusch ließ ihn innehalten. Geistesgegenwärtig sprang er einen Schritt zurück – keine Sekunde zu früh. Dort, wo er eben noch gestanden hatte, kreuzte ein samtschwarzes Pferd in schnellem Galopp den Weg und war genauso schnell verschwunden wie es gekommen war.

Nicht lange – da begegnete er einer jungen Frau. Ihre Haut war schneeweiß.

«Habt Ihr ein schwarzes Pferd gesehen?»

«Das war Euer Pferd?»

Sie schüttelte den Kopf. «Wo ist es? Der König braucht meine Hilfe.»

Gordo wies ihr die Richtung. «Bevor Ihr geht ... wer seid Ihr?»

«Die Frau des Königs.»

«Ihr seid noch sehr jung», warf er ein.

Die Dame schüttelte den Kopf. «Es gibt mich

seit 220 Jahren.»

Er starrte sie ungläubig an. «Wie – wie kommt es dann, dass Ihr noch immer so hübsch seid?»

«Wir sind aus hartem Holz geschnitzt. Spielfiguren altern nicht – wie Erinnerungen. Sie bleiben ewig jung.»

«Spielfiguren?», fragte er verwirrt. «Ihr seid keine Spielfigur!»

Sie tat so, als habe sie seinen Einwand nicht gehört. «Was führt Euch hierher?»

«Der Zufall ist es, der mich auf der Suche nach neuen Orten hierher geführt hat.»

«Ich war schon einmal hier.» Ihre Augen nahmen einen seltsamen Glanz an. «Unter der hohen Tanne habe ich meinen König kennengelernt», sagte sie und zeigte auf einen moosbewachsenen Baumstumpf. «Ich sehe ihn noch immer – den Baum, der einst an dieser Stelle stand.»

Sie seufzte leise. «Jeder Platz auf dem Spielfeld hat seine Geschichte – eine Geschichte glücklicher und trauriger Tage. Und heute schreibt auch Ihr ein Stück Geschichte dieses Ortes. Doch ich frage mich, ob es noch immer derselbe Ort ist wie an dem Tag, an dem ich meinen König kennenlernte.»

Er sah sie fragend an.

«Ich meine ... müsst Ihr wirklich nach neuen Orten suchen, um neue Orte zu finden?»

Dann eilte sie davon. «Mein König wartet auf mich!»

«Lasst mich ein Stück mit Euch gehen.»

«Das wird mein König nicht erlauben», rief sie.

Er rannte hinter ihr her, doch sie war schneller als er und war schon bald aus seinen Augen verschwunden.

Er ahnte nicht, dass ihm jemand folgte.

Als die Sonne sich auf den Rand des Horizonts legte, fand er einen Platz, der ihm für die Nacht geeignet schien. Es war eine durch Birken und Weiden geschützte Mulde. Er ließ sich in das weiche Gras fallen, das die Mulde wie ein samtenes Fell bedeckte. Als es dunkel geworden war, wisperten die Birken ringsumher im Nachtwind ein leises Lied, das ihn in die Welt der Träume entführte.

Gordo erwachte ruckartig. Jemand hielt ihn fest. Er wollte schreien, aber eine große Hand legte sich auf seinen Mund, die kein Wort in die kühle Nachtluft entkommen ließ. Er wehrte sich mit Händen und Füßen, doch er war machtlos gegen die kräftigen Arme, die ihn davonschleiften.

Als es hell wurde, saß er in einem kreisrunden Raum. Nur wenige Sonnenstrahlen fielen durch das kleine Turmfenster, das hämisch auf ihn hinabblickte. Als er aus dem Fenster schaute, wurde ihm beinahe schwindelig. Ein Sprung in die Tiefe hätte wohl den sicheren Tod bedeutet. Er rüttelte und zerrte an der schweren Eisentür, doch das Glück schien nicht auf seiner Seite zu stehen. – War er tatsächlich in ein Spiel hineingeraten, in dem er nicht willkommen war? Hatte der verrückte Bauer doch Recht gehabt?

«Lasst mich frei! Ich habe nichts mit eurem Spiel zu tun», rief er.

«Was hattest du dann auf dem Spielfeld zu suchen? Denn dort hat der Läufer dich gefunden.» Die Stimme schien direkt aus der Wand des Turmes zu kommen.

Er zuckte hilflos mit den Schultern. «Ich wusste nicht, dass ich auf einem Spielfeld stand.»

«Dann – dann kommst du aus der Vergangenheit? Aus einem vergangenen Spiel?»

«Was ...? Nein. – Nein!», entgegnete er mit entschiedener Stimme. Doch er erinnerte sich daran, dass er manchmal mit anderen gespielt hatte, mit ihrem Vertrauen, mit ihrer Ahnungslosigkeit und manchmal sogar mit ihrem Leben. Menschen, die für ihn nichts weiter gewesen waren als Spielfiguren. Wenn es aber stimmte und er sich mitten in einem Spiel befand, wer spielte dann mit seinem Leben? Gordo fand es sehr ärgerlich, in einem Spiel gefangen zu sein –

ein Spiel, in dem er der Verlierer war.

«Warum trägst du die Farben des Feindes?»

«Ich bin nicht euer Feind!», empörte sich Gordo. «Ja, ich kenne noch nicht einmal seine Farben.»

«Schwarz oder weiß», sagte die Stimme. «Es kommt darauf an, auf welcher Seite du stehst.»

«Lass mich frei!», flehte Gordo.

«Gefangene sind Gefangene – bis es einen Sieger gibt. So sagt es die Regel.»

Eine Zeitlang geschah nichts. Nur hier und da fand ein langgezogener Schrei den Weg bis zum Fenster des Turmes.

Schließlich hörte Gordo das Signal eines Horns. Jubelnde Stimmen erhoben sich und kamen schnell näher. Doch noch waren sie ein Stück entfernt, als sich die schwere Eisentür des Turmes öffnete. In der Tür stand der König.

«Schach matt», murmelte er traurig. «Schach matt. Nun ist auch mein Turm verloren. – Ist denn keine meiner Spielfiguren mehr übrig geblieben? – Ah, da ist ja noch eine!»

«Ich bin keine Spielfigur!»

«So hilf mir doch!»

«Ich gehöre nicht in dieses Spiel, glaubt mir.»

«In welches Spiel gehörst du dann? Mensch ärgere dich nicht? Skat? Oder gar Halma?»

«Nichts dergleichen», erwiderte Gordo ungehalten.

«Wessen Phantasie bist du dann?»

Er dachte nach. «Vielleicht bin ich von jemandem erschaffen worden. Aber eine Phantasiegestalt? Nein – die bin ich nicht!»

Der König staunte. «Dann – dann lebst du also tatsächlich.»

Gordo war verwirrt. «Ihr – Ihr lebt doch auch.»

Der König schüttelte traurig den Kopf. «Nicht wirklich.»

«Ich sehe Euch doch. Und Ihr bewegt Euch wie ich.»

«Ja, aber ich bin nur eine Spielfigur. Hilfst du mir nun?» Es klang wie ein Befehl.

Er nickte.

«Dann komm!»

So flohen sie gemeinsam vor den Feinden des Königs.

«Sagt mir, was mich von Euch unterscheidet», wollte Gordo wissen, nachdem sie eine Weile still nebeneinander gelaufen waren.

«Ich bin nur eine Figur. Jemand befiehlt, dass ich mich bewegen soll. Und dann bewege ich mich. Ich kann nichts dagegen unternehmen. Ich existiere nur in einem Kopf, der sich meine Bewegungen ausdenkt. Vielleicht werde ich dieses Spiel verlieren. Doch beim nächsten Spiel beginnt alles von Neuem. Alle meine Untertanen sind wieder da, und niemals wird einer von ihnen fehlen. – Wer nicht lebt, der kann auch nicht sterben.»

Die Stimmen der Feinde waren noch immer hinter ihnen.

Wie konnte dieser Jemand dem König befehlen, mit ihm zu sprechen, wenn er gar nicht in dieses Spiel gehörte? Ob es dem König nur so erschien, überlegte Gordo, dass er eine Spielfigur war? Oder war es umgekehrt? Bildete er sich bloß ein, keine Spielfigur zu sein? Wenn er aber keine Spielfigur war ... Ein Schauder lief über seinen Rücken. ... dann war er der einzige auf dem Spielfeld, der sterben konnte.

Die Stimmen der Feinde verstummten, als hätte sie jemand verschluckt.

Gordo sah sich um. Zehn bewaffnete Gestalten hatten einen Halbkreis um sie gebildet und zielten mit spitzten Pfeilen auf sie. Ihre Bögen waren bis zum Anschlag gespannt.

Er blickte den König entsetzt an.

Doch der zuckte nur mit den Schultern. «Es wird alles wieder von Neuem beginnen. – Und im nächsten Spiel werden wir uns wiedersehen.»

«Nein!», schrie Gordo.

Sie standen am Rand einer grasbewachsenen Wiese.

Er wollte gerade auf die Wiese laufen, als der König ihn mit Gewalt festhielt.

«Gib acht!», rief er mit warnender Stimme. «Geh nicht weiter! Denn hier ist die Grenze des Spielfelds.»

Vor den Augen des Königs lag ein tiefer Abgrund – das Ende seiner Welt.

«Hier ist das Spielfeld zu Ende, sagt Ihr?»

Der König nickte.

Dann ... – fuhr es Gordo durch den Kopf – konnten ihn die Pfeile nicht mehr treffen, wenn er auf die Wiese trat.

«Es ist nicht mehr weit bis zu meiner Hütte. Dort seid Ihr in Sicherheit.»

«Ich kann nicht», erwiderte der König. «Siehst du nicht die Tiefen des Abgrunds?»

«Merkt Ihr denn nicht, dass Euer Denker Euch den Abgrund nur vorgaukelt, damit Ihr ihm nicht entkommt?»

Für einen Moment kam es Gordo vor, als bewege sich auch sein Leben in einem abgegrenzten Spielfeld, auf dem alles, was er sah, bloß schwarz oder weiß war. Ein Spielfeld, auf dem es nur ein Entweder-Oder gab.

«Kommt mit in die Welt der Wirklichkeit!», rief Gordo.

«Ich kann nicht!»

Im gleichen Augenblick, in dem die Pfeile der Feinde sich lösten, riss sich Gordo los und sprang auf die Wiese.

Er blickte zurück und konnte den König nicht mehr sehen. Er war wie vom Erdboden verschwunden.

Zurück in seiner Hütte kroch Gordo in sein Bett und schlief sofort ein.

Als er am nächsten Morgen erwachte lag eine hölzerne Figur auf seiner Bettdecke. Er konnte sich nicht erklären, wie sie dorthin gekommen war.

Es war ein weißer König.

Die süßen Träume der sauren Zitronen

Es war einmal eine gelbe Zitrone,
die glaubte, sie sei eine Honigmelone.
Ihre Aufgabe war es, die Welt zu versüßen,
jeden Morgen mit einem Lächeln zu grüßen.

Sie schlief in Betten aus Schokolade,
ihr Haus war bemalt mit Marmelade.
Aus Marzipan waren die Blätter der Bäume
und mit Liebe verzuckert die nächtlichen Träume.

Der Regen fiel als Himbeersaft
und gab den Optimisten Kraft.
Aus Zuckerwatte war der Schnee,
und ihr Kleid so bunt wie das einer Fee.

Wenn sie an ihrem Daumen schleckte,
war es, als ob sie Honig schmeckte –
verrührt mit Kokusnuss und Banane.
Das Leben schien ihr wie köstliche Sahne.

Da erwachte erschrocken die gelbe Zitrone,
die träumte, sie sei eine süße Melone.
Und plötzlich fiel es ihr wieder ein:
Zitronen hatten doch sauer zu sein.

Herzklopfen

Seit drei Tagen hatte er nicht mehr geschlafen.

Er saß auf der Bank vor seinem Haus und blickte gedankenverloren in den wolkenverhangenen Himmel. Nicht, dass es nicht gekonnt hätte, doch er hatte Angst vor dem Traum, der ihn immer wieder heimsuchte:

Er hockte in einer dunklen Zelle und starrte auf die Wände, die ihn umschlossen. Es dauerte eine Weile, bis er bemerkte, dass die Wände sich bewegten. Sie rückten immer näher – ganz langsam, doch unübersehbar. Er schrie auf und hämmerte vor die verriegelte Tür. Aber niemand kam, um ihn aus der Zelle zu befreien. Erst als die Wände ihn zu zerquetschen drohten, erwachte er, und kalter Schweiß stand auf seiner Stirn.

Was wollte der Traum von ihm, der sich immer wieder in seinen Schlaf schlich?

Nun gab es in der Stadt einen Traumdeuter. Ihn würde er um Rat fragen.

Es begann zu regnen, als er das Haus des Traumdeuters erreichte. Er trat in einen schlichten Raum und setzte sich auf einen Stuhl. Dann erzählte er von seinem Traum.

Der Traumdeuter sah ihn traurig an und legte die Hand auf seine Brust. «Es schlägt nicht mehr.»

Er war bleich geworden. «Was meint Ihr?»

«Euer Herz - es schlägt nicht mehr.»

«Aber ...», entgegnete er verwirrt. «Ich höre doch, wie es klopft.»

«Es ist nicht das Herz, das Ihr hört.»

«Was - was ist es dann?»

«Ihr wisst es.»

Das Pendel einer Standuhr schwang hin und her, hin - und her, verborgen hinter einer Tür aus Holz.

«Euer Herz ist weich - und verletzlich. Hart ist der Panzer, mit dem Ihr es umgeben habt.»

Er erschrak und sah den Traumdeuter unsicher an.

«Euer Herz ist es, das Euch zu einem lebendigen Wesen macht. Ihr habt es versteckt - vor Euch selber, vor den Menschen.»

«Ich - ich - niemand mehr sollte mich verletzen», stotterte er.

Er war stolz darauf gewesen, dass nichts und niemand ihm etwas anhaben konnte. Er hatte sich sicher gefühlt.

In diesem Moment wurde ihm bewusst, dass er es gewesen war, der sich immer mehr zurückgezogen hatte. Der einzige Freund, der ihm noch geblieben war, war in ein fremdes Land gezogen.

«Blind habt Ihr Euer Herz gemacht», sagte der Traumdeuter, «denn Ihr habt ihm die Augen verbunden.»

Tränen traten in seine Augen.

«Taub habt Ihr es gemacht, denn Ihr habt seine Ohren verschlossen.»

«Hört auf!», schrie er und presste die Hände auf die Ohren. Dann sprang er auf und lief davon.

Auch in dieser Nacht schlief er nicht. Er horchte in die Dunkelheit, aber da war nichts als Stille. Er fühlte sich einsam. Unendlich einsam. Wenn er wenigstens das Klopfen seines Herzens spüren könnte ... Wie sollte es nur weitergehen? Wütend schlug er gegen den Panzer, hinter dem sein Herz verborgen lag. Doch so sehr er sich auch mühte, es löste sich nur ein winziges Stück.

Schließlich beschloss er, einen Heiler aufzusuchen.

Er ging zu dem berühmtesten Heiler der Stadt, von dem man erzählte, dass er jede Krankheit zu heilen wusste.

«Befreit mein gefangenes Herz», bat er.

«Ich gebe Euch ein Kraut mit», sagte der Heiler. «Das sollt Ihr drei Tage lang zu Euch nehmen.»

Drei Tage vergingen, doch das Kraut zeigte keine Wirkung.

Enttäuscht, dass der Heiler ihm nicht helfen konnte, suchte er den Rat eines Magiers.

«Könnt Ihr die Tür öffnen, hinter der mein Herz verborgen liegt?»

Der Magier grübelte lange nach. Dann hob er den Deckel einer eisernen Truhe, die bis zum Rand mit Schlüsseln gefüllt war: große und kleine, dicke und schmale. Es waren magische Schlüssel, die jedes Schloss zu öffnen vermochten. Einen Schlüssel nach dem anderen holte der Magier aus der Truhe, doch keiner konnte einen Weg zu seinem Herzen finden.

In seiner Verzweiflung begab er sich in die Obhut einer Hexe, von der man erzählte, dass sie jede Aufgabe lösen konnte, wagte man es nur, sie zu fragen. Niemand wusste, ob man ihr trauen konnte, doch sie war seine letzte Hoffnung.

«Könnt Ihr mein Herz wieder zum Schlagen bringen?», fragte er sie.

Die Hexe runzelte die Stirn und grummelte

einen unverständlichen Reim. Dann goss sie aus einer Vielzahl von Fläschchen je drei Tropfen in ein Gefäß. Damit rieb sie seine Brust ein. Auf dem Boden ihrer Hütte malte sie einen Kreis, in dessen Mitte sie sieben Holzscheite aufschichtete und anzündete. Doch der Panzer, der sein Herz umgab, war so hart, dass selbst das Hexenfeuer ihn nicht zum Schmelzen brachte.

Niedergeschlagen verließ er die Hütte der Hexe. Was konnte er noch tun? – Er wusste keinen Rat mehr und setzte sich in das hohe Gras einer Wiese. Lange Zeit saß er so. Er fühlte eine ausgebrannte Leere in sich – ein grausames Feuer. Warum konnte selbst die Hexe ihm nicht helfen?

Er zuckte zusammen, als jemand eine Hand auf seine Schulter legte.

«Was tust du hier?»

Er antwortete nicht.

«Du hast geweint.»

Ihre Hand war warm.

«Es – es schlägt nicht mehr», sagte er leise.

Sie strich ihm eine Träne von der Wange und sah ihn fragend an.

«Mein Herz – es schlägt nicht mehr.»

Sie hatte große Augen – liebevolle Augen.

«Erzähl mir von dir.»

Da erzählte er ihr von seinem Traum, von dem Traumdeuter, von dem Heiler, dessen Kraut ihm nicht geholfen hatte, von dem Magier, der keine Tür zu seinem Herzen finden konnte und von der Hexe, deren Feuer nichts ausrichten konnte.

Sie aber lächelte nur und führte ihn in ihr Haus.

In dieser Nacht lag sie an seiner Seite.

Er horchte in die Dunkelheit und hörte das leise Klopfen seines Herzens.

Der Tupfelfarn

Über Tupfelfarne gibt es viele Geschichten. Wer aber glaubt, ein Tupfelfarn wachse an einem schattigem Ort aus der Erde und stehe dort bis an sein Lebensende, der ist einer Lüge aufgesessen. Denn Tupfelfarne wandern: von Himwald nach Sonmoor, von Lintal nach Großhain oder von Kulbach nach Zugdorf. Wollen sie sich vor- oder zurückbewegen, wachsen sie einfach an einer anderen Stelle aus dem Boden - ganz wo sie möchten. Ihren Weg kann man freilich nur schwer verfolgen - und es ist nicht leicht, einen Tupfelfarn zu finden. Doch eines Tages - es war einer dieser seltenen Zufälle, von denen manche behaupten, es gäbe sie nicht - traf ich einen langstieligen Tupfelfarn. Von ihm möchte ich hier erzählen.

Als Tupf noch ein Kind war, lebte er bei seinen Eltern und wich nicht von ihrer Seite. Eines Morgens aber beschloss er, auf eigene Faust durch die Wälder zu streifen.

«Spiel nicht mit den Adlerfarnen. Sie sind schlecht und kein Umgang für dich», warnte ihn die Mutter, bevor er sich auf den Weg machte.

Also wanderte Tupf von Baum zu Baum und von Bach zu Bach, bis er schließlich auf eine

Sumpfdeckelschnecke traf.

«Lass mich mit dir wandern», sagte die Schnecke. «Wenn du mich ein Stück trägst, so werde ich ein wenig Zeit sparen.»

Tupf nickte gutmütig und ließ die Schnecke hinaufklettern, denn vor den Schnecken hatte ihn seine Mutter nicht gewarnt.

Kaum aber saß die Schnecke auf einem seiner Wedel, begann sie an einem Blatt zu nagen. Da ahnte er, dass sie nur einen Platz zum Fressen gesucht hatte. Er versuchte, sie abzuschütteln, doch die Schnecke hatte sich festgeklammert und klebte wie eine Klette an ihm. Wo er auch aus dem Boden wuchs, er wurde sie nicht los.

Als er das nächste Mal aus der Erde emporschoss, sah er, dass neben ihm ein fremdes Wesen stand.

«Wie werde ich nur diese Schnecke wieder los?», seufzte Tupf verzweifelt.

«Sing ihr was vor!», sagte das fremde Wesen.

Tupf blickte es verwundert an.

«Du bist kein Adlerfarn - oder?», stellte das Wesen mit dem Namen Ad fest.

«Und du bist kein Tupfelfarn.»

«Du bist was?», fragte Ad erschrocken. «Ich - ich darf nicht mit dir spielen.»

«Ich auch nicht mit dir.»

Dann trennten sich ihre Wege. Die Schnecke

aber fraß weiter an einem von Tupfs langstieligen Blättern.

Vielleicht sollte er der Schnecke tatsächlich etwas vorsingen? Aber was? Er war kein großer Sänger. - Da fiel ihm das Lied ein, mit dem er in den Schlaf gesungen wurde, als er noch klein war.

In jedem Farn, da lebt ein Traum,
glaube mir, man sieht ihn kaum.
Er hütet dich in dieser Nacht,
bis der neue Tag gemacht.

Die Schnecke hielt erschrocken inne und rutschte so schnell sie konnte von Tupf herunter.

Er atmete auf. Der Wedel würde wieder nachwachsen. Warum hatte ihn seine Mutter nicht vor den Schnecken gewarnt?

«Ich habe einen Adlerfarn gesehen!», rief Tupf.

«Du hast doch nicht mit ihm gespielt?», fragte die Mutter besorgt, als sie seinen in Mitleidenschaft gezogenen Wedel sah.

Tupf schüttelte den Kopf.

«Die Adlerfarne sind unsere Feinde», erklärte die Mutter.

«Warum?», wollte Tupf wissen.

«Weil sie anders sind als wir. Und das ist eine große Gefahr, mein Junge.»

«Meine Freunde sind doch auch anders als ich.»

Aber die Mutter hatte sich schon abgewandt und putzte ihre Wedel.

Manchmal hatte sich Tupf gewünscht, er wäre dem Adlerfarn ein zweites Mal begegnet. Dann hätte er herausfinden können, ob seine Mutter Recht hatte. Doch er sah Ad nicht wieder.

Bald war Tupf alt genug, um in den Krieg zu ziehen. Seine Sägezahnblätter wurden scharf angespitzt, und Tupf streckte sie stolz nach allen Seiten.

Dann endlich war es soweit. Die Uniformen der Tupfelfarnsoldaten glänzten dunkelgrün im Licht der Sonne, als sie ins Land der Adlerfarne zogen.

Als die Schlacht begann, war es Nacht. Das Heer der Adlerfarne war in aller Stille vor den Tupfelfarnen aus dem Boden gewachsen. Ihre Blattränder waren ganz weiß vor Zorn.

Die beiden Heere kämpften erbittert gegeneinander.

Tupf sah einen hochgewachsenen Adlerfarn, der auf ihn zukam. Blitzschnell schob er seine scharfgespitzten Wedel nach vorn und stach auf den Gegner ein.

Da erkannte er den Adlerfarn wieder, dem er an jenem Tag begegnet war, an dem eine Schnecke seine Blätter verspeisen wollte.

Ads Wunde blutete heftig, und Tupf verband sie mit einem getrockneten Eichenblatt.

Sie waren die einzigen Überlebenden der Schlacht.

Als ich Tupf kennenlernte, stand sein Sohn an seiner Seite.

«Wie heißt du?», fragte ich.

«Ad», sagte der Junge und sah mich neugierig an.

Die Blume der Liebe

Es war zu Beginn des Winters. Der kalte Atem von Väterchen Frost wehte über das Land und ließ Wälder und Wiesen in Ehrfurcht erstarren.

«Erzählst du mir eine Geschichte?», bettelte der kleine Bär.

«Mein kleiner Bär, es ist nun an der Zeit zu schlafen», erwiderte der Großvater.

«Winterschlaf ist aber so langweilig. Noch eine Geschichte. – Bitte!»

Der alte Bär konnte dem flehenden Blick des kleinen Bären nicht widerstehen.

«Aber dann wird geschlafen. – Versprochen?»

«Versprochen!»

Draußen vor der Höhle heulte der Wind. Die flüsternde Brise des Sommers hatte seufzend Abschied genommen und ihrem rauhen Bruder Platz gemacht. Doch so sehr er sich mühte, den Eingang zur Bärenhöhle fand er nicht.

«Was für eine Geschichte möchtest du hören?»

«Erzähl mir von den Menschen», entgegnete der kleine Bär, ohne lange zu überlegen und sah seinen Großvater erwartungsvoll an.

Der alte Bär nickte und lauschte gedankenverloren dem bebenden Murmeln windgepeitschter Äste. Der Sturm brüllte so laut, als wollte er selbst eine Geschichte erzählen.

«In einer längst vergessenen Zeit lebte einmal ein Menschenkind mit dem Namen Kara ...», begann der alte Bär nach einer Weile.

... Es war noch dunkel, als sie erwachte. Sie wußte nicht, was sie geweckt hatte. – Da bemerkte sie den Lärm, der von der Straße in ihr Zimmer drang. Sie sprang auf und blickte aus dem Fenster. Die sonst des Nachts so stille Straße war voller Menschen. Kara hörte ungeduldige Schreie, den Hufschlag schnaubender Pferde und das laute Schlagen von Türen. Was hatte das zu bedeuten?

Sie stürmte in das Zimmer ihrer Eltern. Es war leer. Im gleichen Moment hörte sie die Stimme ihres Vaters. Er musste in der Küche sein.

Kara rannte die Treppe hinunter. «Papa ... Mama!», rief sie, als sie die Küchentür aufriss.

«Du bist schon wach?», erschrak ihre Mutter.

Da sah sie, dass ihre Eltern dabei waren, ihr Hab und Gut zusammenzupacken und in großen Koffern zu verstauen.

«Was – was macht ihr da?», fragte Kara.

«Wir werden mit den anderen ziehen», sagte ihr Vater.

«Aber – aber wohin denn?», erwiderte sie verwirrt.

«Nach Norden.»

«Ist das weit?»

Ihr Vater nickte. «Im Norden gibt es einen wundervollen Ort.»

Ihre Augen wanderten über die leer geräumten Regale. Die Küche hatte jede Gemütlichkeit verloren. Da begriff sie, dass ihre Eltern vorhatten, Omera für immer zu verlassen.

«Ich will nicht nach Norden», protestierte Kara.

«Es wird dir dort gefallen.»

«Aber hier ist der wundervollste Ort der Welt», beharrte sie.

Sie liebte die kleine Stadt, die den Namen Omera trug, die dichten Wälder, die auf den umliegenden Hügeln wuchsen, den grün schimmernden See, in dem sie an heißen Sommertagen baden konnte, den geheimnisvollen Schuppen hinter dem Haus und das Rotkehlchen, das im Garten sein Nest gebaut hatte.

«Sei vernünftig und pack deine Sachen.»

«Ich will aber nicht.»

«Im Norden, da liegt unser Glück, mein Kind.»

«Ich bin hier glücklich!», rief sie wütend und stampfte mit den Füßen auf den Holzboden.

«Dort, wo wir hinziehen werden, wachsen Erdbeeren – rote, duftende Erdbeeren», schwärmte ihr Vater.

«Erdbeeren gibt es doch auch hier.»

«Aber sie verfaulen. – Im Norden jedoch gibt es Erdbeeren, die niemals faulen.»

«Ich esse sie sowieso am liebsten sofort.»

«Verstehst du nicht? Es sind sehr wertvolle Erdbeeren», erklärte der Vater. «Wir werden reich und glücklich sein!»

«Bin ich auch ein Erdbär?», wollte der kleine Bär wissen.

Der Großvater lachte. «Erdbeeren sind Früchte. Sie schmecken ein wenig wie Honig.»

Der kleine Bär nickte. Er wusste nur zu gut, wie süßer Honig schmeckte.

Noch vor Sonnenaufgang hatten alle Bewohner Omera verlassen. Bald lugte die Sonne hier und da zwischen den Wolken hervor, nur um sich kurze Zeit später wieder hinter ihnen zu verstecken, als wüsste sie nicht recht, ob es die Mühe lohne, denn ihre Strahlen fielen auf eine Stadt, in der niemand mehr wohnte.

Die Menschen fanden die wundersamen Beeren tatsächlich und bauten in der Nähe eine Stadt, der sie den Namen Beldrego gaben. Vom frühen Morgen bis zum späten Abend suchten sie nach den Erdbeeren, die niemals faulten. Sie wuchsen an unscheinbaren Sträuchern, deren Blätter klein und rund waren. Doch waren die Früchte erst gepflückt, unterschieden sie sich in nichts von ihren verderblichen Artgenossen. Kara fand, dass sie süßer schmeckten, aber das durften ihre Eltern nicht wissen. Denn ihr Vater hatte ihr verboten, von den wertvollen Früchten zu naschen.

In Beldrego gab es nun einen Platz, auf dem man alles, was man sich nur vorstellen konnte, gegen Erdbeeren tauschte - was sehr viel einfacher war, als - wie früher - all die Dinge, die man sich wünschte, selber herzustellen.

Die Bewohner von Beldrego glaubten, je mehr Erdbeeren sie besaßen, desto glücklicher würden sie sein. Deshalb versuchte jeder, so viele Früchte wie möglich zu erhalten. Weil jedoch niemand die wertvollen Beeren von ihren frisch gepflückten Artgenossen unterscheiden konnte, begann man, den anderen zu betrügen oder gar dessen Beeren zu stehlen. Jeder prahlte damit, wie viele Erdbeeren er bereits gesammelt hatte, und verriet niemandem, wo er sie gefunden hatte. Doch das Glück ließ auf sich warten.

Nun reiften die wertvollen Früchte nur während des Sommers. Den Winter über aber wartete man sehnsüchtig darauf, dass die Sonne wieder warm vom Himmel schien, bestaunte von Zeit zu Zeit seinen Schatz oder dachte darüber nach, wo man die Früchte des nächsten Sommers verstecken konnte.

Es war an einem kalten Wintertag, als Kara wieder einmal der Versuchung nicht widerstehen konnte, von den süßen Früchten zu naschen. Im Winter schmeckten die Erdbeeren eben am besten, fand sie. Kara schob das Schafsfell beiseite, unter dem sich eine Bodenluke verbarg. Sie öffnete die Luke und stieg mit einer Kerze in der Hand auf einer Leiter in den Keller, in dem ihr Vater die Beeren aufbewahrte.

Nur eine Erdbeere hatte sie naschen wollen, doch als sie die erste Frucht gekostet hatte, griff sie nach der zweiten. Als sie die dritte Beere in den Mund steckte, hörte sie plötzlich Schritte. Sie hielt den Atem an. Die Schritte steuerten genau auf die Luke zu. Wo konnte sie sich nur verstecken?

Aber es war bereits zu spät.

«Was tust du hier?», fragte ihr Vater erbost.

«Ich ... ich ...», stotterte Kara und wich einen Schritt zurück. Doch da stolperte sie über eine auf dem Boden stehende Kiste und fiel mitten in den süßen Schatz, der darin lag.

«Meine Beeren!», schrie ihr Vater entsetzt und schlug ihr ins Gesicht.

Tränen schossen ihr in die Augen.

«Das wirst du büßen!»

Dann sperrte er sie in den Schuppen.

Kara weinte zwei Tage und zwei Nächte. Ab und zu kamen Vater oder Mutter, um nach ihr zu sehen. Doch so sehr sie auch bettelte, keiner befreite sie von ihrer Strafe. Was hatte sie nur Schlimmes getan? Warum hielt nicht wenigstens ihre Mutter zu ihr? Früher hätte sie das getan. Kara dachte daran, wie sich ihre Eltern verändert hatten, seit sie nach Beldrego gekommen waren – wie alle hier. Ob sie sie überhaupt noch mochten?

Acht Tage vergingen, ohne dass etwas geschah – zumindest nichts, was von Bedeutung gewesen wäre – wenn man überhaupt von Tag sprechen konnte. Denn der Tag unterschied sich von der Nacht nur durch einen schwachen Lichtschein, der sich unter der Türschwelle hindurchquetschte.

Zuerst war sie sicher gewesen, dass ihre Strafe nicht lange dauern würde. Nun aber – nach acht Tagen – fragte sie sich, ob sie jemals wieder hier herauskam.

Am nächsten Abend vergaß ihr Vater, die Tür des Schuppens wieder zu verschließen. Der erste Gedanke, der ihr durch den Kopf fuhr, war wegzulaufen. Aber wohin sollte sie fliehen? In der Stadt würde ihr Vater sie finden. Sie schloss die Augen. Der Hoffnungsschimmer, der für einen Moment in ihren Augen gelegen hatte, zerrann mit einer Träne, die an der linken Wange hinablief. Doch noch bevor die Träne ihr Kinn erreichte, wusste sie plötzlich, wo sie sich verstecken konnte. Sie würde zurück nach Omera wandern.

Kara lächelte - hier war sie glücklich gewesen. Vor allem aber würde in Omera niemand nach ihr suchen.

Sie wartete ungeduldig darauf, dass die Nacht hereinbrach. Einmal hörte sie die Stimme ihres Vaters und fürchtete, er würde sein Versehen bemerken. Doch der Lichtschein unter der Türschwelle wurde schwächer und schwächer, ohne dass etwas geschah.

Endlich hatte sie den Mut, die Klinke herunterzudrücken. Draußen war es still, und in der Luft lag der milde Duft des Frühlings. Im Haus war das Licht bereits gelöscht. Vorsichtig setzte sie einen Fuß vor den anderen, um so leise wie möglich zu gehen. Als sie den Garten verlassen hatte, begann sie zu rennen, vorbei an endlosen Häuserreihen, von Straße zu Straße. Hier und da begann ein Hund zu bellen, der über einen Erdbeerschatz wachte. Schließlich wurden die Abstände zwischen den Häusern größer. Kara schnaufte. Das Rennen fiel ihr schwer.

Bald kam sie in einen lichten Wald. Ihre Schritte wurden schwerfälliger. Sie war so müde. Doch in der Ferne sah sie noch immer die Lichter von Beldrego. Kara lief tiefer und tiefer in den Wald hinein, bis sie an eine Stelle kam, an der sich die Bäume dicht aneinanderdrängten. Hier wollte sie verschnaufen – nur für einen Moment. Sie setzte sich unter einen Baum und wartete darauf, dass das taube Gefühl in ihren Beinen verschwand. Wenige Atemzüge später war sie vor Erschöpfung eingeschlafen.

Ein Ast fiel auf ihren Bauch und riss sie aus dem Schlaf. Erschrocken öffnete sie die Augen. Hatte ihr Vater sie gefunden? Sie wagte nicht sich zu bewegen, während sie mit den Augen die Umgebung absuchte. Da entdeckte sie einen Jungen, der über ihr in der Krone des Baumes saß. Er lachte.

«Ich bin Orbal», sagte er, als er zu ihr hinab kletterte.

Er gab ihr die Hand. «Und du?»

«Kara», sagte sie verdattert. Wie lange hatte sie geschlafen? Es war taghell, und die Sonne schien ihr ins Gesicht.

«Was machst du hier?», fragte sie schließlich.

«Im Sommer durfte ich nichts anderes tun als nach Erdbeeren zu suchen», sagte er. «Und den Winter über war ich nichts besseres als ein

Wachhund. – Was hättest du an meiner Stelle getan?»

Kara wusste, dass sie ihm nicht antworten musste.

Eine Weile saßen sie still nebeneinander.

Dann erzählte sie von ihrer Flucht aus Beldrego und ihrem Plan, nach Omera zurückzukehren.

«Kommst du mit?», fragte Kara. Es wäre schön, einen Freund zu haben.

Orbal nickte.

«So wanderten die beiden nach Omera.»

Der kleine Bär saß still in der Höhle und hatte die Welt um sich herum vergessen.

«Tatsächlich war niemand in Omera zurückgeblieben – zumindest schien es so», fuhr der alte Bär fort. «Die Stadt bot einen traurigen Anblick. Die Fensterscheiben waren mit grauem Staub überzogen; die Straßen waren mit welken Blättern und abgebrochenen Ästen bedeckt, und in den Gärten wucherte das Unkraut ....

... Plötzlich hörte Kara ein leises Geräusch. Sie fuhr herum und starrte Orbal an.

«Was war das?»

«Du hörst Gespenster.»

Orbal wollte gerade weitergehen, als auch er eine Stimme vernahm.

«Da!», flüsterte er und zeigte auf ein verbarrikadiertes Haus.

«Ist da jemand?», rief die Stimme. Kara zuckte zusammen. Sie kannte die Stimme. - Aber woher?

Als sie auf das Haus zuliefen, überfiel Kara eine eigenartige Stimmung. Die Angst, die sie für einen Moment verspürt hatte, verschwand und machte einem Gefühl von Geborgenheit Platz. Wer verbarg sich in dem Haus?

«Wer bist du?», fragte Kara, als sie vor der Tür standen.

«Amrila.» Ihre Stimme klang schwach.

Amrila ... Amrila ... Da erinnerte sie sich: Jeder in Omera kannte sie. In den Geschichten, die man über sie erzählte, lebte sie schon, als die Ältesten geboren wurden. Manche glaubten, sie besäße geheimnisvolle Kräfte. Kara dachte an den Moment, als ihr Amrila zum ersten Mal begegnet war. Sie hatte geweint - warum, das wusste sie nicht mehr. Amrila hatte sie in den Arm genommen und ihre Tränen getrocknet. Vor allem aber erinnerte sie sich an ihr Lächeln. Jeder mochte es, und wer ihr begegnete, begann ebenfalls zu lächeln.

Kara seufzte. Warum war sie nicht mit nach Beldrego gegangen?

«Warum bist du in Omera geblieben?»

«Ich wusste nicht, dass ihr vorhattet, nach Norden zu wandern.»

«Es hat dir niemand gesagt?»

Weshalb öffnete Amrila nicht die Tür?

«Vielleicht habt ihr es vergessen - oder glaubtet, ihr würdet das Glück auch ohne mich finden.»

«Warum bist du uns nicht gefolgt?»

«Ich konnte nicht. Der schwarze Lord hat mich eingeschlossen, während ich schlief.»

«Oh», machte Kara. «Wer ist das, der schwarze Lord?»

«Der Gebieter über die Schatten.»

Orbal rüttelte an der Tür und versuchte, Amrila zu befreien. «Bewegt sich nicht», sagte er missmutig und suchte nach Gegenständen, mit denen er die Tür aufbrechen konnte. Doch was er auch versuchte, die Tür blieb verschlossen.

«Das habe ich befürchtet», sagte Amrila traurig. «Nun bleibt nur noch der Schlüssel.»

«Der Schlüssel?»

«Der schwarze Lord hat die Tür mit einem magischen Schlüssel verschlossen.»

«Und wo ist dieser Schlüssel?», fragte Kara. Vielleicht konnten sie Amrila befreien.

«Er hat ihn mitgenommen - in seine Schlucht.» Sie hielt einen Augenblick inne. «Noch nie ist jemand zurückgekehrt, der diesen Ort der Finsternis je betreten hat.»

«Wir werden es versuchen», beharrte Kara.

«Wo ist die Schlucht des schwarzen Lords?», fragte Orbal.

«Geht zwölf Tage dem Sonnenuntergang entgegen. Ihr werdet sie nicht übersehen. Doch nehmt euch in Acht. Denn wenn der schwarze Lord von eurer Suche nach dem goldenen Schlüssel erfährt, wird er nicht eher ruhen, bis ihr ihm in die Hände fallt. Nur die Blume der Liebe wird euch helfen, seinen Kräften zu widerstehen. – Sie erblüht jeden Tag an einem anderen Ort und ist niemals dieselbe wie am Tag zuvor. Es wird eure Aufgabe sein, sie Tag für Tag von neuem zu finden, wollt ihr die Schlucht der Schatten erreichen. Findet ihr sie nicht vor Einbruch der Dunkelheit, so schwindet eure Kraft, um den Klauen des schwarzen Lords zu entkommen, und eure Suche nach dem Schlüssel wird umsonst gewesen sein.»

«Woran werden wir die Blume der Liebe erkennen?»

«Sie wird sich euch zu erkennen geben, wenn ihr sie gefunden habt, doch nur, solange die Dunkelheit den Tag noch nicht abgelöst hat. In der Schlucht der Schatten aber gedeiht die Blume der Liebe nicht. – Deshalb vergesst nicht: Vor Sonnenuntergang müsst ihr die Klamm wieder verlassen, sonst wird euch der Schlüssel nichts nutzen, selbst wenn ihr ihn finden solltet.»

Orbal zog Kara am Arm, die ängstlich nach Westen schaute. «Komm, wir gehen.»

«Wartet!», rief Amrila.

Kara und Orbal hielten inne.

«Die Sonne wird bald untergehen. Es wird besser sein, wenn ihr nicht in die Nacht hineinwandert. Denn selbst der schwarze Lord fürchtet sich vor etwas.»

«Was ist es, das er fürchtet?»

«Das Licht.»

Am nächsten Morgen verließen Kara und Orbal Omera, um den goldenen Schlüssel zu finden.

Tag für Tag suchten sie von neuem die Blume der Liebe, die ihnen Kraft gab gegen die Macht des schwarzen Lords. Der aber war nicht dumm und hatte alsbald ihre Absicht durchschaut.

Die Sonne hatte gerade ihren höchsten Punkt erreicht, als Kara eine herrliche Blume entdeckte.

«Schau mal!», rief sie Orbal zu und zeigte auf eine in einem sanften Blau blühende Blume. Sie verließ den Weg, um zu ihr zu gelangen. Ein Stück weiter jedoch wuchs eine große Sumpfgauklerblume, die laut nach Orbal rief.

«Hörst du mich? Ich bin die Blume der Liebe. Komm zu mir!»

Orbal war auf der Stelle fasziniert von ihrer Schönheit.

«Warte, ich komme!», rief er.

«Wer bist du?», fragte Kara die blaue Blume.

«Ich bin das Pfennigkraut. Wenn ihr bei mir bleibt, kann euch nichts passieren.»

Kara bewegte sich vorsichtig auf die Blume zu, um sie zu berühren. Da aber gab plötzlich der Boden unter ihr nach. Eine magische Hand zog an ihren Füßen, die in dem mit einem Mal feuchten und sumpfigen Boden versanken.

Für einen Moment glaubte sie, das leise Lachen des schwarzen Lords zu hören. Blass vor Angst schrie sie nach Orbal. Aber der hörte sie nicht. Wie hypnotisiert bestaunte er die schöne Sumpfgauklerblume. Unterdessen legte der grauenhafte Schlamm seine schmierigen Arme immer enger um Kara. Sie schlug wild um sich, um ihren Kopf über dem übelriechenden Morast zu halten, der an ihren Füßen zerrte. Tiefer und tiefer versank sie darin. Wo war Orbal nur? Langsam, aber sicher schwanden ihre Kräfte dahin.

«Ich kann nicht mehr!», schrie Kara verzweifelt.

Sie wollte gerade aufgeben und sich dem zerrenden Sog des Morastes überlassen, da stieß sie mit einem Fuß gegen etwas Hartes.

Es schien ein Wurzelstrang zu sein.

Kara fasste wieder Mut und balancierte vorsichtig über den schmalen Grat, den ihre Füße im Morast gefunden hatten. Schritt für Schritt näherte sie sich so einem Erlenbaum, der in der Nähe stand. Nach und nach ließ die Kraft des tückischen Morastes nach, und schließlich gelang es ihr, sich selbst aus dem schmatzenden Sumpf zu ziehen.

Ermattet kniete sie sich hin und knetete den hartnäckigen Schmutz aus ihrem langen Haar.

Da welkte auch die schöne Sumpfgauklerblume dahin.

Orbal wandte sich enttäuscht ab. Erst jetzt bemerkte er Kara, die müde am Stamm des Erlenbaumes lehnte.

«Wo warst du, als ich um Hilfe gerufen habe?», beschwerte sie sich.

«Was? Ich ... äh, ich habe dich gar nicht gehört», stotterte Orbal verwirrt.

Dann erzählten sie einander, was ihnen widerfahren war.

«Was waren das für Blumen?»

«Die Blume der Liebe war es nicht.»

«Trugblumen», vermutete Orbal.

«Als ich im Schlamm versank, habe ich gehört, wie jemand lachte.»

«Meinst du, es war der schwarze Lord?»

Kara sah sorgenvoll zum Himmel. Denn inzwischen war es fast dunkel geworden. Der Gedanke an den schwarzen Lord ließ sie frösteln.

«Hoffentlich finden wir die Blume der Liebe noch», sagte sie beunruhigt.

Schwere Wolken jagten über den Himmel, als wollten sie den letzten Rest des Tages vertreiben.

Da sahen sie inmitten einer Blumenwiese eine prächtige Blume, fast so groß wie ein Baum. Alle Blumen ringsherum hatten ihre Blütenkelche geschlossen. Die riesige Blume jedoch öffnete ihre farbenfrohen Blütenblätter, als Kara und Orbal sie voller Bewunderung betrachteten.

«Du bist aber groß», staunte Kara.

«Ich bin eine Wunderblume. In sternenlosen Nächten blühe ich am schönsten – wenn alle anderen Blumen sich verängstigt zurückziehen.»

«Wie heißt du?», fragte Orbal.

«Sternenzauber», sagte die Wunderblume voller Stolz.

«Bist du die Blume der Liebe?», wollte Kara wissen.

Doch sie schien ihre Frage nicht gehört zu haben.

«Mir ist kalt», sagte Orbal.

«Ihr könnt in meinem Blütenbett schlafen. Dort ist es warm und weich», sagte die Blume.

Das klang verlockend. Kara und Orbal kletterten an ihren Blättern empor.

Dann ließen sie sich auf das weiche Blütenbett fallen, in dem es wunderbar nach Vanille duftete. Sternenzauber sang eine leise Melodie. Kara und Orbal lagen glücklich nebeneinander, und der leichte Wind schaukelte sie sanft in die weite Welt der Träume.

Doch so schnell gab sich der schwarze Lord nicht geschlagen und ließ den blaublühenden Scheinmohn erblühen, den verlockenden Fingerhut, das Tränende Herz und die tückische Trollblume. Doch keine konnte Kara und Orbal mehr in ihre Fänge locken. Das ärgerte den schwarzen Lord sehr. Denn bis zum Abend gelang es ihnen immer wieder, die Blume der Liebe aufzuspüren. So fanden sie den sonnenhungrigen Goldtaler, die Mitternachtsblume, die ihre bunten Blüten unter ihrem unscheinbaren Laub versteckt, die dankbare Zwergglockenblume und einen Schneeflockenstrauch voll wohlriechender Blüten.

Am Abend des zehnten Tages kamen Kara und Orbal zu einem kleinen Haus, das geduckt in einer Senke stand. Es war kalt geworden, und durch das Fenster sahen sie das warme Licht eines Kaminfeuers.

«Lass uns in der Hütte schlafen», schlug Kara vor.

«Wir wissen noch nicht einmal, wer hier wohnt.»

Doch Kara ließ sich nicht von ihrem Vorhaben abbringen und klopfte an die Tür.

«Die Tür ist offen!», rief jemand.

Als sie in die Stube traten, fanden sie dort einen uralten Mann, der an einem hölzernen Tisch saß.

Auf dem Tisch und in den Wandregalen wimmelte es von seltsamen Dingen: Glasröhrchen, Tuchbeutel mit Pulvern aller Art, Schüsseln, aus denen blauer Dampf entwich und Glaskugeln mit farbigen Flüssigkeiten.

«Wer seid ihr?», fragte der alte Mann mit unwirscher Stimme.

«Mein Name ist Kara, und das ist Orbal.»

«Was führt euch in diese verlassene Gegend?»

«Wir suchen den goldenen Schlüssel.»

Orbal trat Kara auf den linken Fuß.

«Autsch!»

«Ich traue ihm nicht», flüsterte er ihr ins Ohr.

Kara zuckte mit den Schultern. «Vielleicht kann er uns helfen.»

Der alte Mann runzelte die Stirn. «Ja – vielleicht. – Wartet einen Moment. – Setzt euch doch.»

Dann holte er eine Kugel hervor.

Für Minuten beherrschte nur das Knistern

des Feuers den Raum. Kara und Orbal hockten sich vor das flackernde Feuer und schauten in die Glut.

Fast unwirklich huschten die Schatten der Flammen über das Gesicht des alten Mannes. Er blickte unverwandt auf die schimmernde Kugel, die vor ihm auf dem Tisch lag.

Langsam ließ er seine Hände wie in Trance über die Kugel fahren. «Ocus Astris Creator – schenkt mir euer wertes Ohr. Plumbum Rami Solidrid, nehmt mich mit auf eurem Ritt», murmelte er. «Ocus Astris Creator – öffnet mir des Sehers Tor.»

Erst war alles dunkel, undurchsichtig, eine Wand aus dichtem Nebel. Doch dann tauchten plötzlich Schatten auf, die den Nebel beiseite schoben. Zwischen ihnen bildete sich eine graue Linie, vor der sie zurückwichen. «Ein Pfad!», rief Kara. Die Schatten stellten sich drohend zu beiden Seiten des Pfades auf und erstarrten zu Fels. Dann erlosch das Bild, und Kara erblickte statt dessen einen kreisrunden See, dessen Wasser so schwarz war wie die Nacht. Für einen winzigen Augenblick aber schimmerte es wie Gold, das auf dem Grund des Sees zu liegen schien. Das Wasser bewegte sich und schien aus der Kugel herauszufließen. Kara sprang einen Schritt zurück. Doch im gleichen Moment verschwamm das Bild, und die Kugel sah wieder aus wie eine gewöhnliche Kugel.

Erschöpft ließ der alte Mann seinen Kopf auf den Tisch sinken.

«Unheimlich», murmelte Kara gedankenverloren.

«Was hat das Bild zu bedeuten?», wollte Orbal wissen.

«Es gibt nur einen Ort, an dem diese Wesen leben können. – Die Schlucht der Schatten.»

Kara fuhr zusammen.

«Und – und der See?», fragte Orbal.

Der alte Mann zuckte mit den Schultern. «Ich war noch nie dort. Doch man erzählt, am Ende der Schlucht befinde sich ein See, der mit schwarzem Wasser gefüllt ist.»

«Und der Schlüssel?»

«Habt ihr nicht den goldenen Schimmer des Wassers gesehen?»

«Der goldene Schlüsssel!», rief Kara.

In dieser Nacht schliefen sie in der Hütte des Zauberers.

«In zwei Tagen werdet ihr die Schlucht der Schatten erreichen», sagte der alte Mann zum Abschied.

Und so geschah es. Zwei Tage später standen sie am Rand der Schlucht und blickten in einen bodenlosen Abgrund aus Fels und Geröll. Der Hang fiel steil ab, doch schien er begehbar zu sein.

Der Wind eilte ihnen pfeifend voraus, während sie in die Schlucht hinabkletterten. Es kam Kara vor, als seien Stunden vergangen, bis es endlich nicht mehr weiter abwärts ging. Obwohl zwischen den beiden Seitenwänden gut sechs Meter Raum sein mochten, hatte sie plötzlich das Gefühl, eingesperrt zu sein. Hier unten herrschte nur noch ein grauer Schimmer, und das Geräusch ihrer Schritte wirkte sonderbar laut und hart. Es erleichterte sie ein wenig, auch in Orbals Gesicht Spuren der Angst zu entdecken.

Sie erreichten eine Biegung. Orbal hielt so abrupt an, dass Kara fast über ihn gestolpert wäre.

«Still!», zischte er. «Ich höre etwas!»

Etwas schien sich von hinten an sie heranzuschleichen.

Sein Blick irrte ängstlich an den senkrechten Felswänden empor, und er spürte, wie die Beklemmung allmählich in ein Gefühl würgender Angst überging.

«Komm, weiter!», flüsterte er schließlich. «Der schwarze Lord kann uns nichts anhaben, solange die Kraft der Blume der Liebe noch nicht nachgelassen hat.»

«Und wenn wir nicht rechtzeitig herauskommen?»

Orbal antwortete nicht und zog sie weiter.

Wo war der See, den sie in der Kugel des alten Mannes gesehen hatten?

Irgendwann, nach einer Ewigkeit, wie es Orbal schien, wichen die Felswände ein Stück zur Seite, und sie standen vor einer trichterförmigen Senke, die mit schwarzem Wasser gefüllt war. Auf der anderen Seite stürzte ein mächtiger Wasserfall in den See, der die Luft mit Feuchtigkeit tränkte.

«Hier muss es sein.»

«In diesem Wasser sollen wir nach dem Schlüssel tauchen?» Kara schüttelte sich. Es roch nach Moder und – nach Unheil. «Eigenartig», dachte sie. Der Geruch erinnerte sie an den Keller, in dem ihr Vater die Erdbeeren aufbewahrte.

Orbal tauchte eine Hand in das Wasser. «Ziemlich kalt», sagte er und zögerte. – Er schluckte. Dann zog er sein Hemd über den Kopf. «Es reicht, wenn einer von uns nass wird.» Seine Stimme zitterte.

Er holte tief Luft und sprang in den See. Kurz darauf war sein blonder Schopf verschwunden. Kara blickte sich um, und eine Woge der Angst schlug über ihrem Kopf zusammen, während Orbal nach dem goldenen Schlüssel suchte.

Das Wasser war so schwarz, dass er nichts erkennen konnte. Schon bald wusste er nicht mehr, wo oben und unten war. Als die Luft in seinen Lungen knapp wurde, hatte er den

Grund des Sees noch immer nicht erreicht. Wie tief war der See? Was, wenn er es nicht schaffte, den Schlüssel zu finden? Er ließ sich zurück an die Oberfläche treiben und atmete schnaufend aus und ein.

«Hast du ihn?», fragte Kara hoffnungsvoll.

Orbal schüttelte den Kopf und tauchte wieder unter. Er stieß mit kräftigen Stößen tiefer und tiefer. Unvermutet stieß er auf etwas Hartes, ohne es zuvor bemerkt zu haben. «Der Grund des Sees!», jubelte er innerlich.

Doch wo er den Boden auch abtastete, der Schlüssel blieb ihm verborgen. Wahrscheinlich war er mit einer Schicht aus Schlamm bedeckt – wenn er überhaupt hier war. Orbal spürte, wie ihm der Mut sank. Er schwamm zurück an die Oberfläche, um erneut Atem zu holen.

Kara wurde blass, als sie den Ausdruck der Verzweiflung auf seinem Gesicht sah.

Abermals kämpfte er sich bis zum Grund des Sees vor und tastete ihn ab. Immer wieder schwamm er zwischen Grund und Oberfläche hin und her, bis er plötzlich einen Gegenstand in der Hand hielt. «Der Schlüssel», fuhr es ihm durch den Kopf und ließ sich nach oben treiben.

«Ich habe ihn!», rief er glücklich. Doch in diesem Moment rutschte ihm der kostbare Fund aus der Hand. «Nein! Nein, nein, nein!», fluchte er.

«Es wird bald dunkel - wenn es hier überhaupt noch dunkler werden kann», jammerte Kara.

«Ich werde es noch einmal versuchen.» Er fror. Sein Körper schien so kalt wie das Wasser zu sein.

«Aber wir werden nicht vor Einbruch der Dunkelheit zur Blume der Liebe zurückfinden. Was nutzt uns der Schlüssel, wenn wir doch am Ende dem schwarzen Lord in die Hände fallen?»

Er tauchte noch dreimal auf den Grund des Sees. Schließlich war er so erschöpft, dass er sich nichts sehnlichster wünschte, als endlich wieder ins Trockene zu kommen. Doch er gab sich einen Ruck und schwamm ein letztes Mal in die Tiefe. Da entdeckte er einen goldenen Schimmer, der das Schwarz des Wassers durchbrach. Er griff nach dem Schlüssel und umklammerte ihn fest, um ihn nicht abermals zu verlieren. Dann schwamm er mit dem Schlüssel in der Hand an das Ufer des Sees. Er hielt ihn so fest umklammert, als wollte er ihn nie wieder loslassen.

Orbal zitterte am ganzen Leib und sank in sich zusammen.

«Es ist zu spät», murmelte er niedergeschlagen, als er zum Himmel emporblickte.

Nun hatten sie also endlich den Schlüssel, um am Ende doch zu versagen, dachte Kara trübsinnig. – Nein. – Sie durften nicht aufgeben. Noch nicht.

«Lass uns wenigstens versuchen, die Schlucht zu verlassen», flehte sie. Doch Orbal lag da, als wollte er um keinen Preis mehr aufstehen.

Die Stille in der Schlucht ähnelte einer Hand, die sich langsam zur Faust ballte. Sie konnten die Gegenwart des schwarzen Lords spüren, der wie eine Krähe darauf wartete, dass die Kraft sie verließ.

«Wir müssen hier raus!», rief Kara und zog Orbal am Arm.

«Er wird uns nicht entkommen lassen.»

«Aber einen anderen Weg als durch die Schlucht gibt es nicht. Komm, wir müssen es versuchen!»

Da fiel plötzlich die tiefstehende Sonne durch den Eingang der Schlucht.

«Sieh doch!»

«Was nutzt es, wenn sie untergeht, bevor wir die Blume der Liebe gefunden haben?», fragte Orbal. Er hatte allen Mut verloren.

In diesem Moment geschah etwas, das sie nie wieder vergessen sollten. Die Strahlen der Sonne fielen auf den Wasserfall und zauberten einen riesigen Regenbogen in die Luft. Für einen Augenblick waren sie sprachlos. Der schwarze

Lord schien sich zurückgezogen zu haben, denn das beklemmende Gefühl der Angst, das sich auf sie gelegt hatte, wurde schwächer.

Millionen kleiner Wassertropfen spiegelten das Licht der Sonnenstrahlen hundertfach wider. Der Regenbogen wuchs bis in den Himmel, und Kara hatte das seltsame Gefühl, als würde er sich auf sie zubewegen.

«Schade, dass du uns nicht mitnehmen kannst», sagte sie gedankenverloren. Was redete sie da? Sie schüttelte den Kopf.

Aber der Regenbogen kam noch ein Stück näher heran, als wollte er sie tatsächlich mitnehmen. So nahe war er, dass sie ihn beinahe berühren konnte.

«Wir sind doch zu schwer für dich!», rief sie ihm zu.

Noch nie zuvor war ihr ein Regenbogen so nah gewesen. Wenn er sie nur tragen könnte. Kara schloss für einen Moment ihre Augen. Sie stellte sich vor, er sei nicht aus Wasser, sondern hart wie Eisen. – In Wahrheit, fuhr es ihr durch den Kopf, wusste sie gar nicht, ob er sie tragen konnte – oder nicht. Denn nie zuvor hatte sie die Gelegenheit gehabt es auszuprobieren.

Sie nahm all ihren Mut zusammen und setzte vorsichtig einen Fuß auf das Ende des Regenbogens. Erstaunt stellte sie fest, dass ihr Fuß nur im oberen roten Belag wie in weicher Watte versank. Da erkannte Kara, dass der Regenbogen eine große Brücke war, auf der sie aus der dunklen Schlucht fliehen konnten.

«Orbal!», rief sie laut.

Es dauerte eine Weile, bis auch Orbal begriff. Kara hatte schon Angst, der Regenbogen würde sich wieder in Luft auflösen, als er endlich seine Füße auf ihn stellte.

Zunächst noch mit unsicheren Schritten, dann immer schneller und schneller wanderten sie über den schillernden Regenbogen. Als sie den höchsten Punkt erreicht hatten, setzten sie sich und rutschten auf der anderen Seite hinunter.

Am anderen Ende des Regenbogens wuchs eine herrliche Blume. Es war ein Wandelröschen, das jeden Tag in einer neuen Farbe erblüht. Im gleichen Moment verschwand die Sonne hinter dem Horizont, und mit ihr der Regenbogen.

Kara und Orbal liefen zurück nach Omera, wo sie mit dem goldenen Schlüssel Amrila befreiten. Dann machten sie sich alle auf den Weg nach Norden.

Vor der Bärenhöhle heulte noch immer der Wind und trieb dunkle Schneewolken vor sich her.

«Jetzt wird geschlafen», sagte der alte Bär und gähnte genüsslich.

«Müssen die Menschen auch im Winter schlafen?», fragte der kleine Bär.

Großvater schüttelte den Kopf. «Aber wir beide - wir werden nun schlafen, bis die Sonne wieder warm vom Himmel scheint.»

Der kleine Bär nickte und schloss artig seine Augen.

Schon bald war nur noch der gleichmäßige Atem der schlafenden Bären zu hören. Vor der Höhle aber wuchs der weiße Teppich aus Schnee von Tag zu Tag. Doch die Bären bemerkten nichts von alledem. Der kleine Bär träumte von fröhlichen Sommertagen, in denen er übermütig die Welt erkunden konnte. Und der große Bär träumte von einem ganzen Krug voll süßem Honig.

Peter Purzels zweite Wette

Als Peter Purzel erwachte, lag eine kleine Maus an seiner Seite und schlief. Sein leerer Magen knurrte angesichts des appetitlichen Leckerbissens laut und hungrig. Peter Purzel fuhr sich genüsslich mit der Zunge über die Lippen. Er hob seine Tatze, und wollte die Maus gerade zu seinem Frühstück machen, als er stutzte. Mäuse legten sich nicht neben einen Kater und schon gar nicht zum Schlafen. – Was war nur in die Maus gefahren, sich vor seine scharfen Zähne zu legen? Mut konnte es nicht gewesen sein, denn das war eine Eigenschaft, die allein Kater besaßen. Es wäre auch zu langweilig, wenn eine Maus nicht mehr vor ihm davonlaufen würde. – Nein, es machte wirklich keinen Spaß, eine Maus zu verspeisen, die man nicht fangen konnte.

Während Peter Purzel nachdachte, ging er auf und ab: drei Schritte nach rechts und zwei Sprünge nach links, vier Sprünge nach rechts und sieben Schritte nach links. So machte er es immer, wenn er auf der Suche nach einem Gedanken war. Doch an diesem Morgen zog und zerrte es bei jedem Schritt in seinen Muskeln.

«Vermuskelter Kater!», schimpfte er.

Da erinnerte er sich daran, was geschehen war.

Er hatte mit der Maus um ihr Leben gewettet und war dafür bis zum Himmel geklettert. Und die Maus war bis zum Grund des Meeres geschwommen. – Es musste wohl einer seiner gutmütigen Tage gewesen sein, dass er sich mit einer Maus auf eine Wette eingelassen hatte – noch dazu eine Wette, die er nicht gewonnen hatte. Doch natürlich hatte auch die Maus die Wette nicht gewonnen.

Er schüttelte verschämt den Kopf: Noch niemals war er neben einem lebendigen Leckerbissen eingeschlafen. – Es war schließlich keine leichte Wanderung bis zum Himmel gewesen, und seine Knochen waren nicht mehr die jüngsten.

«Vermuskelter Kater!», fauchte er abermals und meinte damit den von allen Schnurrbeinern gefürchteten Muskelkater. Niemand hat ihn je gesehen, denn er kommt, wenn das Volk der Katzen schläft, doch jeder weiß, dass es ihn gibt. Und wen er besuchte, dem taten am nächsten Tag alle Knochen weh.

Peter Purzel weckte die Maus mit seiner Tatze.

Die Maus erschrak und wollte eben davonlaufen, da erinnerte auch sie sich an ihre Wette mit dem Kater.

«Ich habe noch immer Hunger», beschwerte sich Peter Purzel.

«Dann – dann müssen wir eben was anderes wetten», schlug die Maus vor und ärgerte sich, dass auch sie der Schlaf überwältigt hatte, als sie aus den Tiefen des Meeres zurückgekehrt war. Längst könnte sie in ihrem sicheren Mäuseloch liegen und davon träumen, sie sei eine mächtige Königin, vor der jeder Kater erzitterte.

«Neunundfünfzigeinhalb Mäuse hätte ich in der Zwischenzeit fangen können», stöhnte Peter Purzel. «Aber gut, wie du meinst. Machen wir einen Wettlauf. – Ich wette, dass ich gewinne. Und vergiss nicht: Wir wetten um dein Leben!», sagte er und blickte siegessicher auf seinen Gegner hinab. Noch nie hatte er einen Wettlauf mit einer Maus verloren.

«Das ist nicht fair!»

«Nicht fair, nicht fair», äffte der Kater die Maus nach. «Ich gebe dir zehn Meter Vorsprung. Und damit nicht genug: Der Muskelkater hat mir einen Besuch abgestattet, während ich schlief.»

«Einverstanden», sagte die Maus, denn auch unter den Mäusen kannte man die Sage vom Muskelkater. Die Mäuse aber glaubten, der Muskelkater sei einst eine Maus gewesen, die sich dank ihrer Zauberkünste in einen Kater verwandelt hatte und nun dem Volk der Mäuse Gutes tat. «Wenn ich die Wette gewinne, dann wirst du mich nicht fressen, versprochen?»

«Na dann - los!», gab Peter Purzel das Startzeichen, und die Maus rannte davon. Kaum aber hatte sie zehn Meter zurückgelegt, da begann auch für Peter Purzel das Rennen. Und mit jedem Sprung kam er dem Mäuseschwanz ein Stück näher.

Die Maus warf einen ängstlichen Blick über ihre Schulter und erschrak: Ihr Vorsprung war bereits auf zwei Katerlängen geschrumpft. In diesem Moment bemerkte sie den Fehler, den sie begangen hatte: Was war überhaupt das Ziel?

«Bis wohin laufen wir denn?», rief sie mit zitternder Stimme.

«Bis zur Hütte von Bauer Kohlkopf», entgegnete Peter Purzel.

Ihr Herz schien für einen Moment auszusetzen: Sie hätte es wissen müssen. Kater waren eben keine fairen Gegner. Bauer Kohlkopfs Hütte - wie sollte sie da die Wette gewinnen? Selbst wenn sie dreimal so schnell laufen könnte.

Sie versuchte, noch ein wenig schneller zu laufen, aber es nutzte ihr nichts: Ihr Verfolger rückte näher und näher.

«Jetzt hab´ ich dich!», rief Peter Purzel und zog mit einem gewaltigen Satz an der Maus vorbei. Doch dann geschah es: Mitten auf der Wiese hatte Bauer Kohlkopf ein Loch gegraben, ein tiefes Loch sogar. Und das wurde dem Kater zum Verhängnis. Peter Purzel machte seinem Namen alle Ehre und purzelte – in die Tiefe.

Als die Maus Peter Purzel vor ihren Augen in das Loch fallen sah, bremste sie so schnell sie konnte. Doch zu spät. So stolperte auch sie über den Rand des Loches und stürzte kopfüber in Bauer Kohlkopfs Grube. Die Maus schloss ergeben ihre Augen. Doch wenn sie erwartet hatte, im Mäusehimmel zu landen, dann hatte sie sich getäuscht. Stattdessen landete sie wohlbehalten auf einem weichen Fell.

«Hätte ich dich doch gleich gefressen», jammerte das Fell, das keinem anderen gehörte als Peter Purzel.

«Wenn du mich jetzt verspeist, werde ich die letzte Maus deines Lebens sein, die zwischen deinen Zähnen zappelt.»

«Das wollen wir doch mal sehen», sagte Peter Purzel und sprang so hoch er nur konnte. Aber immer wieder verfehlte er die Grasnarbe um eine halbe Katerlänge. Verzweifelt versuchte er, an den Graswurzeln Halt zu finden, die in die Grube hinabhingen, doch sie rissen wie Spinnweben unter seinem Gewicht.

«Ich glaube, mich könnten die Graswurzeln halten», sagte die Maus mit entschlossener Stimme.

«Dich?»

«Ich muss ja nicht bis zum Himmel klettern.»

«Hast du vergessen, wer du bist? – Eine kleine ängstliche Maus!»

«Nur wenn Kater Hunger haben», entgegnete sie. «Aber nun brauche ich deine Hilfe.»

«Meine Hilfe?», entgegnete er verdutzt.

«Lass mich auf deinen Rücken klettern.»

«Und was ist mit mir?», fragte er misstrauisch.

«Ich habe einen Freund, der in der Nähe lebt. Er wird einen Weg finden, dich zu befreien.»

Dann krabbelte die Maus auf den Rücken des Katers und hängte sich an eine der Graswurzeln. Und siehe da, sie hielt. Pfote um Pfote zog sie sich in die Höhe und hangelte sich von Wurzel zu Wurzel.

«Ich habe das Wettrennen gewonnen», rief die Maus, als sie endlich wieder festen Boden unter ihren Pfoten spürte.

«Erst an Bauer Kohlkopfs Hütte», beharrte Peter Purzel.

«Was meinst du, woher ich Hilfe holen werde?»

«Verzapfter Katerblödsinn!», schimpfte Peter Purzel mit sich selbst. «Warum bin ich nur in dieses Loch gefallen? Und das alles wegen einer einzigen Maus.»

Hatte er tatsächlich geglaubt, dass sie ihm helfen würde? Wahrscheinlich war sie längst auf dem Weg in ihr Mäuseloch. Er schüttelte ungläubig den Kopf: Er – Peter Purzel – saß in der Falle und hatte sich obendrein von einer Maus hereinlegen lassen.

Die Maus hingegen rannte in Bauer Kohlkopfs Stall. Denn dort lebte ihr Freund. Er war groß und stark, und das beste war – zumindest aus ihrer Sicht –, er fraß keine Mäuse.

«Pony Graufell, du musst mir einen Gefallen tun!», rief die Maus, als sie durch das Scheunentor kroch.

Das Pony schüttelte seine lange Mähne. «Ist wieder ein Kater hinter dir her?»

«Nein ...», und dann erzählte sie Pony Graufell, was passiert war.

«Ich glaube es nicht.»

«Er wird mich nicht fressen – nicht mehr ...», sagte die Maus. «Und ohne seine Hilfe wäre ich jetzt nicht hier.»

Eine Weile wanderte das Pony über die Wiese von Bauer Kohlkopf, bis es den langen Ast eines alten Apfelbaumes fand, den der Sturm heruntergerissen hatte. Dann rollte es den Ast vor sich her und stellte ihn schließlich mit einem Ende in das Loch, in dem der Kater gefangen war. Das Pony trabte zurück in seinen Stall und ließ die Maus mit Peter Purzel allein.

Der aber kletterte erleichtert aus der Grube hinaus.

«Dankeschön für deine Hilfe, kleine Maus.»

«Du kannst ja richtig liebenswert sein», wunderte sie sich.

«Du kennst eben nur meine schlechten Seiten.»

«Schade eigentlich. – Und wenn wir Freunde wären?», fragte die Maus.

So kam es, dass Peter Purzel und die Maus Freundschaft schlossen.

Fortan trug der alte Apfelbaum den Namen Purzelbaum, weil Peter Purzel mit einem seiner Äste aus der Grube hinausgeklettert war. Und Bauer Kohlkopfs Grube nannten sie Mausefalle, weil sie der Maus das Leben gerettet hatte, denn sonst hätte sie die Wette verloren. Als Bauer Kohlkopf davon hörte, erzählte er die Geschichte von Peter Purzel und der Maus in der ganzen Stadt. Doch im Laufe der Zeit vergaßen die Menschen, dass der Purzelbaum nach Peter Purzel benannt war und die Mausefalle nichts anderes war als Bauer Kohlkopfs Grube, ebenso wie sie vergaßen, dass auch der Muskelkater vier Beine hatte.

«Pieps...», machte die Maus.

«Miau...», machte Peter Purzel. «Und was esse ich jetzt?»

«Ich habe noch ein Käsegummibärchen», sagte die Maus.

«Iii, sowas magst du?»

«Klar!»

«Also ich, ich hätte lieber einen Lutscher mit Mäusegeschmack!»

Das Geheimnis des Bergsees

Zwischen zwei hohen Gipfeln in einem Land weit, weit entfernt, lag einst ein kleiner Bergsee.

Sein Wasser war grau – an manchen Stellen fast schwarz. Es schien Josua, als sei ein Stück des wolkenverhangenen Abendhimmels in den See gefallen. Erst als er hinaufblickte und sah, dass es kein Loch im Himmel gab, war er sicher, dass es nur eine Spiegelung war.

Drei Tage war es nun her, dass ein Wanderer auf der Suche nach einem Quartier an seine bescheidene Hütte geklopft hatte.

«In meiner Hütte wollt Ihr übernachten? – Der Wind pfeift durch alle Fenster, und Ihr werdet es nicht bequemer haben als auf dem harten Boden des Waldes. Folgt dem Weg noch ein Stück, und Ihr werdet einen Gasthof finden, der Euch eine bessere Unterkunft bieten kann als ich.»

Doch der Wanderer blieb.

Als sie an diesem Abend am Feuer saßen, erzählte ihm der Wanderer von einem Bergsee, in dem ein großes Geheimnis wohne. Er habe es mit eigenen Augen gesehen. So sehr Josua bat, er möge ihm das Geheimnis verraten: Der Wanderer behielt es für sich. Doch zum Dank für seine Gastfreundschaft beschrieb er Josua, wie der Bergsee zu finden war.

Er sah sich um und konnte nichts Außergewöhnliches entdecken. Es war ein See wie jeder andere auch. An seinem Ufer wuchsen ein paar verkrüppelte Kiefern, zwischen denen Geröll und rundgeschliffene Kieselsteine lagen. – Was war das Geheimnis, das der Wanderer entdeckt hatte?

Er suchte das Ufer ab und tauchte bis auf den Grund des Sees, doch er fand weder einen versunkenen Schatz noch ein Ungeheuer, das hier oben sein Unwesen trieb. Josua überlegte, ob ihm das Wasser die Schönheit eines von Frauen umschwärmten Prinzen oder gar die Kraft eines Riesen schenken würde, wenn er davon trank. Es schmeckte nach nichts. Enttäuscht stellte er fest, dass sein Spiegelbild noch immer dasselbe war, mit dem er Morgen für Morgen erwachte, und seine Muskeln waren nicht ein winziges Stück gewachsen. Hatte ihm der Wanderer am Ende gar einen Bären aufgebunden? Missmutig hob er einen der Kieselsteine auf und warf ihn ins Wasser.

Für einen Augenblick schien er an der Oberfläche zu verharren, bevor er für immer in den Tiefen des Sees verschwand. Dort, wo der Stein den See berührt hatte, durchbrachen Kreise die glatte Oberfläche, klein erst, dann größer und größer. Bald erreichten die Kreise selbst die entferntesten Winkel des Sees.

Während er auf das Wasser starrte, spürte er, wie die Kraft aus seinen Gliedern entwich. Müdigkeit kroch an seinen Beinen empor, höher und höher, bis ihm die Augen wie von selbst zufielen. «Was hatte die verkrüppelten Bäume nur in diese unwirtliche Gegend verschlagen?», dachte er schläfrig.

Als er erwachte, lag der Bergsee in hellem Sonnenlicht. Die Sonne stieg eben über den Bergrücken zu seiner Rechten und verwandelte das Wasser in flüssiges Gold. Er rieb sich die Augen: Auf den Nadeln der Kiefern lag Tau! Es schien früher Morgen zu sein. – Er konnte doch nicht so lange geschlafen haben! Josua reckte sich und blickte auf den See.

Er stutzte. Es war ihm, als hätte sich ein Riss in der Oberfläche des Wassers gebildet. Sein Blick fiel auf die scharfkantigen Zacken des Bergrückens, der dem See am nächsten lag. Sie mussten es sein, die sich im Wasser spiegelten und dem Beobachter einen Riss vorgaukelten. Josua folgte mit den Augen der gezackten Linie und entdeckte am gegenüberliegenden Ufer eine Person, die im Gegenlicht wie eine schwarze Silhouette wirkte. Er fuhr zusammen, doch dann fiel ihm ein, dass er nicht weit vom See an einem windschiefen Haus vorbeigekommen war. - Wer lebte hier oben?

Als er um den See herum ging, sah er, dass es ein alter Fischer war.

«Was wäre das Auge ohne eine Sonne, die es sehen kann?», begrüßte ihn der alte Fischer.

Josua sah ihn verdutzt an. Dann nickte er dem alten Mann höflich zu. Was wollte der Fremde von ihm?

«Was wäre die Sonne ohne ein Auge, das sie schauen könnte?», fragte der Fischer weiter.

Josua zuckte ratlos mit den Schultern. Was sollten diese Fragen? Ob sie ... ob der Fischer das Geheimnis des Sees kannte?

«Könnt Ihr mir etwas über das Geheimnis sagen, das man hier oben finden soll?»

Doch der Alte schüttelte nur den Kopf.

Ja - natürlich. - Was wusste ein einfacher Fischer schon davon?

Als die Sonne langsam am Himmel emporstieg, nahm das Wasser eine tiefblaue Farbe an. Was ihn verwirrte, waren sechs kleine Kreise, die sich auf der Oberfläche des Sees spiegelten. - Wo kamen sie her? Jeder einzelne erinnerte ihn an die Sonne. Doch sie konnte es nicht sein, denn die Kreise waren beinah so blau wie das Wasser.

«Was ist das?», fragte Josua.

«Was siehst du?», entgegnete der Alte.

«Kreise.»

«Mehr siehst du nicht?»

«Nein ...»

«Ein Anfang ....», murmelte der Alte. «... wenigstens ein Anfang.»

Josua sah ihn verwundert an. – Was wusste der Alte?

Der Fischer griff nach seinem Netz und warf es in das Wasser, in dem es vor Fischen nur so wimmelte. Josua setzte sich neben ihn und betrachtete die Kreise auf dem Wasser. Für einen Moment hatte er das Gefühl, es seien Fenster, durch die man hindurchsehen konnte.

Nach einer Weile zog der Fischer das Netz aus dem See. Doch zu Josuas Erstaunen hatte er keinen einzigen Fisch gefangen.

Eine Windböe fuhr über das Wasser. Kleine Wellen rollten an das Ufer und ließen den See beinah lebendig erscheinen. Als das Wasser wieder zur Ruhe gekommen war, entdeckte er eine helle Linie, die sich um die sechs Kreise gelegt hatte. Hin und wieder kräuselte sich die Linie im Wind, nur um kurz darauf zu ihrer alten Form zurückzufinden.

Josua suchte mit seinen Augen das Ufer ab. Doch er fand nichts, was diese eigenartige Spiegelung erklären konnte.

«Weißt du jetzt, was es ist?», fragte der Fischer, der ihn beobachtet hatte und warf das Netz erneut ins Wasser.

Aber Josua schüttelte den Kopf. Er wusste einfach nichts mit dem Bild anzufangen.

«Ist es nicht mit dir gekommen?»

«Mit mir?», fragte Josua.

Der Alte antwortete nicht und schien darauf zu warten, dass sich endlich ein Fisch in seinem Netz verfing.

Wieder betrachtete Josua die Kreise und kniff überrascht die Augen zusammen. Dort, wo die Kreise sich auf der Oberfläche spiegelten, hatte das Wasser seine tiefblaue Farbe verloren und schimmerte in hellem Grün. Dort mussten Algen wachsen, die dem Wasser die grüne Farbe gaben. Aber warum waren sie nur innerhalb dieser merkwürdigen Kreise zu sehen? Vor seinem inneren Auge entstand das absonderliche Bild von sechs rundgeschnittenen Algensäulen, die auf dem Boden des Bergsees standen – wie in einem gepflegten Park: ein riesiger Garten aus Algenhecken, Seeanemonen und Wasserlilien.

Warum waren die Kreise auf dem Wasser dann erst blau und unscheinbar gewesen? Und warum waren ihm die Algen nicht aufgefallen, als er am Tag zuvor bis auf den Grund des Sees getaucht war?

Wieder zog der Fischer sein Netz aus dem Wasser, und wieder war es leer. Er legte es zurück an das Ufer und strahlte, als habe er einen großen Fang gemacht.

Mochte es Zufall gewesen sein oder nicht: Kaum hatte der Alte sein Netz aus dem Bergsee gezogen, veränderten die Kreise ihre Farbe. Plötzlich schoss Josua ein Gedanke durch den Kopf: War der Alte gar kein Fischer, sondern ein Zauberer? – Warum war er nicht schon vorher darauf gekommen? Das musste der Grund sein, warum er sich so ungeschickt beim Fischen anstellte.

«Ward Ihr das?», platzte es aus ihm heraus.

«Was?»

«Die Kreise!»

«Haben sie sich verändert?»

«Ja. Und nur Ihr könnt es getan haben!»

«Ich bin kein Zauberer – wenn du das meinst.»

«Nein? – Ihr wollt doch nicht behaupten, dass die Kreise sich von selbst verändert haben.»

«Vielleicht ist die Welt ein magisches Bild, das sich immerzu verändert – manchmal mehr und manchmal weniger», entgegnete der Alte leise.

«Und wenn Ihr doch ein Zauberer seid?»

«Wie kommst du nur darauf?»

«Nun – Ihr behauptet, ein Fischer zu sein.

Warum habt Ihr dann noch keinen einzigen Fisch gefangen?»

«Ich habe nie behauptet, dass ich hier bin, um Fische zu fangen.»

«Was dann?»

Doch der Alte schwieg.

Josua stand auf. Noch immer war er nicht hinter das Geheimnis des Bergsees gekommen. – Oder waren die sechs Kreise schon alles, was der See zu bieten hatte? Immerhin – besser als gar nichts. Aber was sollte er mit dem Bild im Wasser anfangen? «Es in seine zugige Hütte mitnehmen und an die Wand hängen?», dachte er. Vielleicht hatten die Kreise auch gar keine Bedeutung und waren nichts weiter als eine Sinnestäuschung.

Er erschrak. Während er seinen Gedanken nachhing, hatte sich der See abermals verändert. Das Bild, das sich auf der Oberfläche spiegelte, sah aus wie ... «Ein Schloss!», rief er zu dem alten Fischer hinüber, der zusammenzuckte.

Er war nicht ganz sicher, doch je länger er hinsah, desto über¬zeugter war er, dass es tatsächlich ein Schloss war. Die sechs Kreise waren zu Fenstern geworden – zumindest sah es so aus. Ab und zu schimmerte es golden hinter einem der Fenster, als sei dort eine goldene

Treppe oder ein funkelnder Kronleuchter.

Er fuhr mit der Hand durch das Wasser. Das Schloss kräuselte sich und verschwamm für eine Weile vor seinen Augen, bis sich die Wasseroberfläche wieder geglättet hatte. Es gab keinen Zweifel: Dieses Schloss war ein Spiegelbild! Wieder und wieder suchte er mit den Augen die nähere Umgebung ab. Weit und breit war nichts zu sehen, das auch nur annähernd eine Ähnlichkeit mit einem Schloss aufwies. – Himmel – das konnte doch nicht wahr sein: Da spiegelte sich das Bild eines Schlosses im Wasser, doch es gab kein wirkliches Bild, das die Spiegelung erklären konnte.

«Ein Schloss?», fragte der Fischer, der eine Weile geschwiegen hatte.

Josua wurde unsicher. «Seht ... seht Ihr es denn nicht?»

«Vielleicht – vielleicht auch nicht», sagte der Alte geheimnisvoll.

Wollte ihn der Fischer auf den Arm nehmen?

«Ja oder nein?»

«Es ist nicht dasselbe Bild, das du siehst.»

«Aber ...»

Josua verstand die Welt nicht mehr. Genügte es nicht schon, dass er ein Spiegelbild sah, für das es keine Erklärung gab? Nun sah der Fischer nicht einmal das gleiche Bild wie er! Sah er schon Dinge, die es womöglich gar nicht gab?

– Es musste eine Erklärung geben! Wie konnte das Bild nur entstanden sein? Es wäre so einfach gewesen, wenn der Fischer sich als Zauberer entpuppt hätte. Doch er war keiner – zumindest hatte er das behauptet.

Natürlich ...!

«Wenn Ihr mit dem Bild auf dem See nichts zu tun habt, dann muss es eben ein anderer getan haben!»

«Vielleicht gibt es wirklich jemanden, der all dies erschaffen hat – die Sonne, die Berge, diesen See und auch das Bild darin.»

«Aber wo ist er? Ich kann ihn nirgendwo entdecken.»

«Vielleicht können wir ihn nicht sehen – weil wir selbst ein Teil seines Werkes sind: du und ich», erwiderte der Fischer.

Josua erschauderte. «Wenn – wenn Ihr Recht habt, dann wären wir nichts anderes als Gefangene – eingesperrt in einem Bilderrahmen.»

Der alte Fischer sah eine Weile auf das stille Wasser des Sees, während die Sonne unaufhaltsam am Himmel emporkletterte.

«Wie die Fische im See ...», murmelte er.

Josua sah ihn fragend an.

«Sie ahnen nicht, dass es etwas gibt, das außerhalb ihres kleinen Sees liegt. Und doch stehen wir hier und schauen von oben auf ihren See.»

Josua blickte zum Himmel und fragte sich, ob es da oben jemanden gab, der zu ihnen hinuntersah.

«Eines Tages», fuhr der Fischer fort, «werden sie einem Netz begegnen, mit dem sie an Land gezogen werden - so wie wir einmal aus unserer Welt geangelt werden.»

«Glaubt Ihr wirklich, dass wir eines Tages aus dieser Welt geangelt werden?»

«Wer weiß das schon?»

«Aber wenn - was geschieht dann mit uns?»

Der Fischer kniff die Lippen zusammen und runzelte die Stirn. «Vielleicht erwartet uns ein besseres Schicksal», sagte er schließlich.

Josua blickte auf das Schloss, das sich noch immer auf der Oberfläche des Bergsees spiegelte.

«Sind wir wirklich nur Marionetten?»

«Auch wenn dich jemand erschaffen hat, so bist du noch lange keine Marionette.»

«Natürlich bin ich dann nichts anderes als eine Marionette!»

«Wenn es wirklich stimmt, dass uns jemand erschaffen hat - uns und alles um uns herum - warum sollte es diesem Jemand dann nicht auch möglich sein, seinen Geschöpfen die Fähigkeit zu geben, selbst etwas Neues zu schaffen? - Vielleicht warst du es sogar selbst, der das Bild auf dem See geschaffen hat.»

«Ich?» Das war völlig unmöglich!

«Warst du es nicht, der den Stein ins Wasser geworfen hat?»

Was sollte sein Stein mit dem Spiegelbild zu tun haben?

Doch der Fischer blieb hartnäckig. «Und wenn du einen anderen Stein geworfen hättest?»

Josua lachte. Am Ende würde der Alte auch noch behaupten, es machte einen Unterschied, wie man einen Stein ins Wasser warf.

«Hast du nicht darüber nachgedacht?»

Josua musste zugeben, dass er es nicht getan hatte.

«Dann mag es sein, dass du nur Glück gehabt hast.»

«Glück?»

« ... dass du nun ein Schloss siehst und keine Ruine.»

Er begriff noch immer nicht, was sein Stein mit dem Bild im See zu tun haben sollte.

«Manchmal sind Steine wie Worte – oder wie eine Begegnung», sagte der alte Fischer mit leiser Stimme. «Sie verändern uns.»

Josua hatte das Gefühl, dass seine Gedanken Purzelbäume schlugen. Das Gespräch mit dem Fischer hatte sie gehörig durcheinandergewirbelt. – Ob er sich tatsächlich verändert hatte?

Sah er deshalb Dinge, die er vorher nicht gesehen hatte?

Was ihm jedoch das größte Kopfzerbrechen bereitete, war die Tatsache, dass das Schloss ein Spiegelbild war. «Wie kann es sein, dass sich etwas auf dem Wasser spiegelt, zu dem es keine Wirklichkeit gibt?»

«Bist du sicher, dass es zu jedem Spiegelbild ein wirkliches Bild gibt?»

«Ja!»

«Ich meine ein wirkliches Bild.»

«Ja», doch in seiner Stimme lag eine Spur von Unsicherheit.

«Du wirst niemals zwei Menschen finden, die dasselbe Bild sehen», fuhr der Fischer fort.

«Ich weiß nicht ...», widersprach Josua. «Warum ...?»

«Jeder sieht es auf seine Weise ...»

Eine Weile saßen sie still nebeneinander.

Josuas Blick fiel auf die kleinen Kiefern, die am Ufer des Bergsees um ihr Überleben kämpften und den Stürmen der langen Winter trotzten. – Jeder einzelne Baum kam ihm mit einem Mal schöner vor als alle Bäume, die er je zuvor gesehen hatte.

«Weshalb seid Ihr hier, wenn Ihr keine Fische fangt?»

Der Alte zeigte auf das Netz. «Auch du wirst

es nicht schaffen, mit diesem Netz einen Fisch zu fangen.»

«Wozu ist es dann da?»

«Für die Bilder ...»

«Ihr - Ihr sammelt Bilder?», fragte Josua ungläubig.

Der Fischer nickte. «Jeder Tag legt ein neues Bild auf den See - Bilder, in denen die Vergangenheit wohnt - vielleicht auch die Zukunft, und doch sind sie nichts anderes als die Gegenwart. -Niemals gleicht ein Bild dem anderen. - Was ist? Möchtest du dein Bild nicht mitnehmen?»

«Und wie soll das gehen?», fragte er skeptisch.

«Wirf das Netz ins Wasser!»

Josua tat, was der Fischer gesagt hatte, und als er das Netz wieder herauszog, funkelte und glitzerte es. Denn in dem Netz lag das Bild eines Schlosses.

«Bewahre es in deinem Herzen», sagte der Fischer.

Der See war wieder blau, und auf der Oberfläche spiegelten sich nur noch die kleinen Kiefern und die spitzen Zacken der Bergrücken.

Als Josua sich auf den Heimweg machte, stand die Sonne hoch im Süden.

Bald hatte er den Bergpfad hinter sich gelassen und kam auf einen breiten Weg. Nicht lange, da näherte sich ein mit Holzstämmen beladener Wagen, der von einem Pferd gezogen wurde.

«Wollt Ihr mir nicht Gesellschaft leisten?», fragte der Kutscher.

Josua nickte dankbar. – So würde er noch vor der Dunkelheit zurück sein!

Kaum saß er auf dem Kutschbock, überkam ihn ein seltsames Gefühl. Es kam ihm vor, als sei es Ewigkeiten her, seit er seine Hütte verlassen hatte. Ob sie überhaupt noch da war? «Natürlich würde sie noch da sein!», versuchte er sich einzureden. Aber das eigenartige Gefühl blieb.

Josua sah schon von weitem, dass sich etwas verändert hatte. Zuerst erschrak er, doch als er begriff, was geschehen war, machte sein Herz einen Sprung.

Ein Prickeln legte sich auf seine Haut.

«Mein Schloss!», jubelte Josua.

Der Kutscher sah ihn erstaunt an. «Was redet Ihr da? Ihr träumt!»

«Mein Schloss!», rief Josua wieder. Endlich wusste er, was sich in dem Bergsee gespiegelt hatte!

Der Kutscher schüttelte verständnislos den Kopf und brachte den Wagen an einer kleinen von blühenden Heckenrosen umrahmten Hütte zum Stehen, die im goldenen Licht der Abendsonne lag. Josua sprang vom Kutschbock.

«Kennt Ihr das Geheimnis des Bergsees?», rief er zu dem Kutscher hinauf.

Doch der hatte sein Pferd schon wieder angetrieben und hörte ihn nicht mehr.

Für einen Moment zweifelte Josua, ob es tatsächlich sein Schloss war. Doch der Schlüssel in seiner Hosentasche passte in das Tor. Er drückte die Klinke herunter und schritt glücklich in sein neues Reich.

Das magische Spiegelbild

Wer seid Ihr?»

Der Moorkönig blickte wütend auf den Mann, der ihm gegenüberstand.

«Warum schweigt Ihr?»

Zwischen ihnen lag eine Wand aus Glas.

«Es darf nur einen Herrscher geben, hört Ihr?»

Doch der Mann auf der anderen Seite blieb stumm.

Was wollte dieser Mann, der vorgab, ein König zu sein? – Die goldene Krone auf seinem Haupt, der mit dem Wappen des Reiches bestickte Mantel und das kunstvoll verzierte Zepter schlossen jeden Irrtum aus.

«Es gibt nur einen König, und das bin ich!», rief der Moorkönig.

Wie konnte er dem stummen Nebenbuhler zu Leibe rücken, der sich hinter der Scheibe aus Glas verschanzt hatte?

Er sandte Kundschafter und Krieger in alle Winkel seines großen, von weiten Mooren durchzogenen Reiches, um einen Weg zu finden in das Land, das hinter dem Glas lag. – Doch schon bald kehrten sie erfolglos zurück.

Da wurde der Moorkönig rasend vor Zorn.

«Kommt hinter Eurem Schutzschild aus Glas hervor!»

Doch der Mann sah ihn in gleicher Weise herausfordernd an, als wollte er den drohenden Kampf auf seiner Seite austragen.

«Sie haben Euch nicht gefunden - meine Kundschafter und Krieger. Ich aber werde Euch töten!»

Der Moorkönig schlug mit der flachen Hand nach seinem Feind. Sein Gegenüber tat es ihm nach.

«Versucht nicht, mich zum Narren zu halten!»

Dann trat er mit seinem Stiefel gegen das Glas, bis es brach und in zwei Hälften zersprang.

«Nun habe ich Euch!», rief der Moorkönig, nur um einen Moment später erschrocken zurückzuweichen. Sein Gegner hatte sich ver-¬doppelt und blickte ihm aus beiden Hälften entgegen.

Wie war das möglich?

Der Moorkönig zog sein Schwert. Mit zwei gezielten Schlägen stach er auf seinen Widersacher ein. Abermals zersprang das Glas.

Doch bevor der Moorkönig seinen Sieg feiern konnte, war sein Gegner gestärkt zurückgekehrt. Welches Stück er auch in die Hand nahm, in jedem sah er den Kopf seines Gegners, der ihn wütend anblickte.

Da rannte der Moorkönig um sein Leben. Gegen einen Feind, der sich mit jedem Schlag verdoppelte, wusste er nichts auszurichten.

«Warum nur ...?», murmelte er verwirrt. «Warum nur ist mein Gegner unverletzt geblieben?»

«Er ist nicht Euer Gegner.»

Der Moorkönig drehte sich erschrocken um. Hinter ihm stand eine uralte Frau.

«Natürlich ist er mein Feind! Es kann nur einen Herrscher geben!»

«Habt Ihr gegen ihn gekämpft?»

«Gevierteilt habe ich ihn mit meinem Schwert. Doch er trug nicht eine einzige Wunde davon, im Gegenteil - denn acht Augen sind es nun, die auf der anderen Seite stehen.»

«Schlagt weiter auf ihn ein, zerschlagt den Spiegel in hundert winzige Stücke, und eine ganze Armee wird Euch gegenüberstehen.»

Der Moorkönig sah die Frau ohne jedes Verständnis an. Was wusste sie über seinen Gegner?

«Die kleinsten Teilchen sind die unverwundbarsten», sagte sie geheimnisvoll. «Denn aus ihnen ist alles zusammengesetzt.»

Die alte Frau sah aus dem Fenster und blickte in den Garten, in dem ein hoher Birnbaum stand. Sie selbst hatte ihn vor langer Zeit gepflanzt - ein winziger Kern, den sie in eine Mulde gelegt und mit Erde bedeckt hatte.

«So ist im Großen das Kleine – und im Kleinen das Große.»

«Es muss doch einen Weg geben, meinem Feinde zu Leibe zu rücken», beharrte der Moorkönig.

«Er ist nicht Euer Feind», sagte die Frau abermals.

«Wer ist er dann?»

«Euer Spiegelbild. – Es gehört zu Euch.»

«Zu mir?»

Die alte Frau nickte. «Könntet Ihr es zerstören, zerstörtet Ihr Euch selbst.»

«Aber ...»

«Ihr konntet ihm schon beim ersten Schlag nichts anhaben.»

«Selbst wenn Ihr Recht hättet», sagte der Moorkönig, «Warum sollte ein Teil von mir auf der anderen Seite des Spiegels leben?»

«In Euch wohnt eine Seite, die auch Euch verborgen ist, ein Stück Eures Reiches, das Ihr nicht kennt – etwas, das Ihr nicht durchschauen könnt», sagte die Frau.

«Diese Seite – was meint Ihr damit?»

«Manche wissen ihr keinen Namen zu geben, manche nennen sie die Seele – nicht greifbar und doch unverwundbar.»

Da ging der Moorkönig nachdenklich davon.

Manchmal gehe ich über die Straße und schaue mir die Menschen an.

Ihre Augen.
Harte Augen.
Augen, die weinen.
Verschlossene Augen.
Augen, die nicht gesehen werden wollen.
Augen, die ich nicht kenne.

Manchmal gehe ich über die Straße und schaue mir die Menschen an.

Ihre Augen.
Augen, die lachen.
Augen, die fragen.
Liebevolle Augen.
Augen, die nie aufgehört haben zu träumen.

Augen.
Jedes Auge ein Leben.
Eine Geschichte.

(für alle, die meine Augen zum Lächeln bringen)

Einen Brief zu öffnen
ist wie ein Buch aufzuschlagen.
Ein Buch, das eine Brücke baut
zwischen Leser und Autor.

Vielen Dank an alle, die den Mut hatten, mir zu schreiben.

Christian Mörsch
Ginsterweg 34, 40699 Erkrath

Internet: www.schweitzerhaus.de

Weitere Bücher von Christian Mörsch

Windgeflüster

Märchen, die vom Leben erzählen

ISBN Buch: **978-3-939475-50-7**
ISBN E-Book: **978-3-86332-152-9**
ISBN Hörbuch: **978-3-86332-204-5**

Sternschnuppenmärchen

Über die Kunst, aus dem Leben das Beste zu machen

ISBN Buch: **978-3-939475-63-7**
ISBN E-Book: **978-3-86332-155-0**
ISBN Hörbuch: **978-3-86332-208-3**

Schmetterlingsregen

Märchen, die glücklich machen

ISBN Buch: **978-3-939475-53-8**
ISBN E-Book: **978-3-86332-153-6**
ISBN Hörbuch: **978-3-86332-206-9**

Das Auge des Mondsees

Märchen, die Flügel verleihen

ISBN Buch: 978-3-86332-039-3
ISBN E-Book: 978-3-86332-150-5
ISBN Hörbuch: 978-3-86332-205-2

Das Geheimnis des Zauberladens

Ein (ent)spannendes Märchen

ISBN Buch: 978-3-86332-013-3
ISBN E-Book: 978-3-86332-103-1

Schlummernde Träume

Märchen zwischen Traum und Wirklichkeit

ISBN Buch: 978-3-939475-51-4
ISBN E-Book: 978-3-86352-154-3
ISBN Hörbuch: 978-3-86332-207-6

Drei Bücherfreaks

Das verbotene Fenster

Was passiert, wenn ein verbotenes Fenster geöffnet wird?

ISBN Buch: 978-3-86332-041-6
ISBN E-Book: 978-3-86332-151-2
ISBN Hörbuch: 978-3-86332-221-2

Peter Purzels Abenteuer

Märchen über die ungewöhnliche Freundschaft zwischen einem schwarzen Kater und einer kleinen grauen Feldmaus

ISBN Buch: 978-3-86332-007-2
ISBN E-Book: 978-3-86332-117-8
ISBN Hörbuch: 978-3-86332-213-7

Alles auf Anfang

Märchenhafte Geschichten über das Leben

ISBN Buch: **978-3-86332-054-6**
ISBN E-Book: **978-3-86332-166-6**
ISBN Hörbuch: **978-3-86332-219-9**

Als der Mond die Sonne stahl

Ein Vorlese- Mitmachbuch für Kinder ab 4 Jahre

ISBN Buch: **978-3-939475-62-0**
ISBN E-Book: **978-3-86332-130-7**

Vorsicht! In jedem Märchen verbirgt sich ein Tröpfchen Glück. Bereits eine Geschichte vor dem Schlafen gehen verführt dazu, dem Alltagstrott des nächsten Morgens mit einem Lächeln zu begegnen.

Die Märchen sind miteinander verwoben durch die kleinen und großen Geheimnisse des Glücks.

Entspannter Leben

Autogenes Training in Verbindung mit der progressiven Muskelrelaxation

ISBN CD: 978-3-939475-40-8